道路施工技术与管理研究

王建波 刘凤云 李 艳 著

北京工业大学出版社

图书在版编目（CIP）数据

道路施工技术与管理研究 / 王建波，刘凤云，李艳著．— 北京：北京工业大学出版社，2021.4
ISBN 978-7-5639-7951-6

Ⅰ．①道… Ⅱ．①王… ②刘… ③李… Ⅲ．①道路施工—工程技术—研究 Ⅳ．① U415.6

中国版本图书馆 CIP 数据核字（2021）第 081854 号

道路施工技术与管理研究
DAOLU SHIGONG JISHU YU GUANLI YANJIU

著　　者：	王建波　刘凤云　李　艳
责任编辑：	刘　蕊
封面设计：	知更壹点
出版发行：	北京工业大学出版社
	（北京市朝阳区平乐园 100 号　邮编：100124）
	010-67391722（传真）　bgdcbs@sina.com
经销单位：	全国各地新华书店
承印单位：	天津和萱印刷有限公司
开　　本：	710 毫米 ×1000 毫米　1/16
印　　张：	12
字　　数：	240 千字
版　　次：	2022 年 8 月第 1 版
印　　次：	2022 年 8 月第 1 次印刷
标准书号：	ISBN 978-7-5639-7951-6
定　　价：	68.00 元

版权所有　翻印必究

（如发现印装质量问题，请寄本社发行部调换，电话：010-67391106）

内容简介

《道路施工技术与管理研究》是一本系统研究道路施工技术及其管理的专著。本书在阐述道路工程建设要点及其项目管理等知识的基础上，对路基工程施工技术、路面工程施工技术进行了进一步的介绍，既介绍了道路工程施工中成熟的施工工艺，又阐述了近年来道路工程施工中的新技术、新工艺。同时，本书从道路施工项目进度控制、成本管理、技术管理与质量控制、合同管理、安全管理与环境管理五方面，对道路工程施工管理进行了详细分析，旨在为提高我国道路施工水平提供理论上的指导。

前 言

道路施工及其组织管理,是确保工程建设质量、降低工程建设费用、加快工程建设进度的一项十分重要的工作,是培养土木建筑类专业人才的必修课程内容。本书以高速公路和一级公路的施工为核心,以施工的组织管理为重点,全面介绍道路工程的施工技术及其管理。学习该课程的目的,在于拓宽专业口径,扩大知识视野,使学生了解和掌握道路工程现代化施工必须具备的基本知识和技能,掌握施工方法,初步具备组织管理施工的能力,为培养适应我国高等级公路建设需要的,既有理论、会设计,又能组织公路工程施工和管理的复合型人才打下坚实的基础。

在学习本书时,要求读者必须具备公路和桥梁的理论与设计方面的基础知识。因此,公路勘测设计、路基工程、路面工程、城市道路以及公路电算、运筹学与系统工程等,为本书的先修课程或预备知识。在学习过程中,宜配以教学录像、安排参观施工现场等,以加深对本书内容的理解。

本书主要从七个章节对道路施工技术与管理进行了系统研究。第一章为路基工程施工技术;第二章为路面工程施工技术;第三章为道路施工项目进度控制;第四章为道路施工项目成本管理;第五章为道路施工项目技术管理与质量控制;第六章为道路施工项目合同管理;第七章为道路施工项目安全管理与环境管理。

作者在编写过程中参考了大量专著和文献,在此,向这些专著的作者、编者和出版社以及为这本书提出宝贵意见的领导、专家和朋友们致以衷心的感谢!

最后,受专业经验的限制,本书难免存在不足之处。敬请各位读者批评并指正。

目　录

第一章　路基工程施工技术 ……………………………………… 1
第一节　填方路基施工技术 …………………………………… 1
第二节　挖方路基施工技术 …………………………………… 5
第三节　路基压实技术 ………………………………………… 11
第四节　特殊地区路基工程施工技术 ………………………… 14
第五节　路基防护技术 ………………………………………… 20

第二章　路面工程施工技术 ……………………………………… 26
第一节　路面基层工程 ………………………………………… 26
第二节　水泥混凝土路面施工技术 …………………………… 30
第三节　沥青路面施工技术 …………………………………… 33

第三章　道路施工项目进度控制 ………………………………… 38
第一节　道路施工项目进度控制概述 ………………………… 38
第二节　道路施工项目进度控制策略 ………………………… 39

第四章　道路施工项目成本管理 ………………………………… 44
第一节　道路施工项目成本管理概述 ………………………… 44
第二节　道路施工项目成本计划 ……………………………… 50
第三节　道路施工项目成本控制 ……………………………… 54
第四节　道路施工项目成本核算 ……………………………… 62

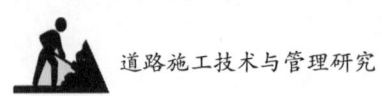

第五章　道路施工项目技术管理与质量控制 …………………………… 68
第一节　道路施工项目技术管理 …………………………………… 68
第二节　道路施工项目质量管理 …………………………………… 84

第六章　道路施工项目合同管理 ……………………………………… 121
第一节　道路施工项目招投标 ……………………………………… 121
第二节　道路施工项目合同管理 …………………………………… 124
第三节　道路施工项目风险管理 …………………………………… 131
第四节　道路施工项目索赔 ………………………………………… 134

第七章　道路施工项目安全管理与环境管理 ………………………… 141
第一节　道路施工项目安全管理与环境管理概述 ………………… 141
第二节　道路施工安全管理 ………………………………………… 146
第三节　道路施工环境保护措施与文明施工 ……………………… 174

参考文献 ………………………………………………………………… 183

第一章 路基工程施工技术

第一节 填方路基施工技术

一、填土路堤的填筑施工

①填土路堤（高于原地面的填方路基）应分层进行填筑压实。用透水性不良的土料填筑路堤时，应控制其含水量在最佳压实含水量 ±2% 范围内。

②填土路堤必须根据设计断面，分层填筑、分层压实。为保证达到设计的压实度，当采用机械压实时，分层的最大松铺厚度，高速公路和一级公路不应超过 30 cm；其他等级的公路，按土质类别、压实机具功能、碾压遍数等，经过试验后确定。但最大松铺厚度，不宜超过 50 cm。填筑至路床顶面最后一层的最小压实厚度，不应小于 8 cm。

③路堤填土的宽度，每侧均应宽于填层设计宽度，压实后的宽度不得小于设计宽度，以便最后进行削坡整形。

④填筑路堤宜采用水平分层填筑法施工，即按照横断面全宽分成水平层次逐层向上进行填筑。如果原地面不平，应由最低处分层填筑，每填一层，经过压实符合规定要求之后，再填筑上一层。

⑤对于原地面纵坡大于 12% 的地段，可采用纵向分层法施工，沿纵坡方向进行分层，逐层填压密实。

⑥对于山坡路堤，当地面横坡不陡于 1∶5 且基底符合设计要求时，路堤可直接修筑在天然的土基上。当地面横坡陡于 1∶5 时，原地面应挖成台阶状，台阶宽度不小于 1 m，并用小型夯实机进行夯实。填筑应由最低一层台阶填起，并分层夯实，然后逐台阶向上填筑，分层夯实，所有台阶填完之后，即可按一

般填土进行。

⑦对于高速公路和一级公路横坡陡峭地段的半填半挖路基，必须在山坡上从填方坡脚向上挖成向内倾斜的台阶，台阶宽度不应小于1 m。其中挖方一侧，在行车范围之内的宽度不足一个行车宽度时，则应挖成一个行车道的宽度，其中路床（路面结构层以下0.8 m或1.20 m范围内的路基部分，分为上路床及下路床两层）深度范围之内的原地面上应予以挖除换填，并按上路床填方的要求进行施工。

⑧如果填方分为几个作业段施工，两段交接处不在同一时间填筑，则对先填地段应按1∶1坡度分层留台阶。如果两个地段同时填筑，则应分层相互交叠衔接，其搭接长度不得小于2 m。

⑨对于陡峭山坡半挖半填的路基，设计边坡外面的松散弃土，应在路基竣工后全部清除。

⑩不同土质的填料混合填筑路堤时应符合下列规定。

a. 以透水性较小的土填筑于路堤的下层时应做成坡度为4%的双向横坡，如用于填筑上层时，除干旱地区外，不应覆盖在由透水性较好的土质填筑的路堤边坡上。

b. 不同性质的土应分别进行填筑，不得出现混填现象。每种填料层累计总厚度不宜小于0.5 m。

c. 凡不因潮湿或冻融影响而变更其体积的优良土应填在上层，强度较小的土应当填在下层。

⑪河滩路堤的填土，应连同护道在内一起进行分层填筑。对于可能受水浸淹部分的填料，应选择水稳定性良好的土料。对于河槽加宽、加深工程，应在修筑路堤前完成，构造物也应提前修建。

⑫当采用机械作业时，应根据工地现场的地形、路基横断面形状和土方调配图等，合理地规定施工机械的运行路线。土方集中的施工点，应有全面、详细的施工机械运行作业图，并按照运行作业图施工。

⑬对于两侧取土、填高在3 m以内的路堤，可用推土机从两侧分层推填，并配合平地机分层整平。土的含水量不足时，可用洒水车进行分层洒水，并用压路机分层碾压。

⑭对于填方集中地区路堤的施工，可按以下方法进行。

①取土场运距在1 km范围内时，可用铲运机运送，辅以推土机开道，以

进行翻松硬土、平整取土段、铲除障碍和助推等。

②取土场运距超过 1 km 范围时，可用松土机械翻松，用挖掘机或装载机配合自卸汽车运输，用平地机对填土整平，并配合洒水车、压路机进行碾压。

③挖掘机、装载机与自卸汽车配合运输时，要合理布置取土场地的汽车运输路线并设置必要的标志。自卸汽车配备的数量，应根据运输距离的远近和车型而确定，其原则是满足挖装设备生产能力的需要。

⑮土石方运输应根据当地条件、运距、设备等情况，采用不同的运输机具，如推土机、铲运机、皮带运输机、自卸汽车、卷扬机牵引的索道等。当在卸装范围内有一定高差，汽车等运输方式受到地形和其他条件的限制时，可采用空中索道运输。

二、填石路堤的填筑施工

①对于填石路堤的基底处理，与填土路堤基本相同，可以按照填土路堤的施工方法进行。

②作为填石路堤所用的石料强度，不应小于 15 MPa，用于护坡的不应小于 20 MPa。填石路堤石料的最大粒径，不宜超过层厚度的 2/3。

③高速公路、一级公路和铺设高级路面的其他等级公路的填石路堤均应分层填筑、分层压实。二级及二级以下且铺设低级路面的公路，在陡峭山坡段施工特别困难或大量爆破以挖作填时，可采用倾填方式将石料填筑于路堤下部，但倾填路堤在路床底面下不小于 1.0 m 范围内仍应分层填筑压实。

④为便于施工和达到设计要求的压实度，填石分层松铺厚度不要过大，高速公路及一级公路不宜大于 0.5 m，其他等级公路不宜大于 1.0 m。

⑤在填石路堤倾填前，路堤边坡坡脚应用粒径大于 30 cm 的硬质石料码砌。当设计中无具体规定时，填石路堤高度小于或等于 6 m 时，其码砌厚度不应小于 1 m；当高度大于 6 m 时，码砌厚度不应小于 2 m。

⑥采用逐层填筑时，应安排好石料的运输路线，并有专人指挥交通；按照水平分层、先低后高、先两侧后中央的顺序卸料，并用大型推土机进行摊平。对个别不平之处应配合人工用细石块、石屑进行找平。

⑦当石块级配较差、粒径较大、填层较厚、石块间的空隙较大时，可以在每层表面的空隙间填入石碴、石屑、中砂、粗砂，再以压力水将砂冲入下部，这样反复数次，使石块中的空隙填满，以保证其密实度。

⑧当采用人工铺填粒径 25 cm 以上石料时，应先铺填粒径较大的石料，石料要大面向下、小面向上、摆平放稳，然后再用小石块找平，石屑塞缝，最后压实。人工铺填 25 cm 以下石料时，可直接分层摊铺、分层碾压。

⑨填石路堤所用填料如果岩性相差较大，则应将不同岩性的填料分层或分段进行填筑。如果路堑或隧道基岩为不同岩种互层时，允许使用挖出的混合石料填筑路堤，但石料强度、粒径应符合"填石路堤的填筑施工"第 2 条的规定。

⑩用强风化石料或软质岩石填筑路堤时，应按土质路堤施工规定，先检验填料的 CBR（填料最小强度）值是否符合要求，CBR 值不符合要求者不能使用，符合使用要求时应按土质路堤的技术要求进行施工。

⑪高速公路及一级公路填石路堤路床顶面以下 50 cm 范围内，应填筑符合路床要求的土料并分层压实，填料的最大粒径不得大于 10 cm。其他公路填石路堤路床顶面以下 30 cm 范围内，宜填筑符合路床要求的土料并分层压实，填料的最大粒径不得大于 15 cm。

三、土石路堤的填筑施工

①土石路堤的基底处理方法同填石路堤。

②天然土石混合材料中所含石料强度大于 20 MPa 时，石块的最大粒径不得超过压实层厚度的 2/3，超过者应当清除。

③土石路堤不得采用倾倒的施工方法，而应分层填筑、分层压实，压实的标准可同填土路堤。每层铺填厚度应根据压实机械类型、规格和性能确定，一般不宜超过 40 cm。

④压实后渗水性差异较大的土石混合填料应分层或分段进行填筑，不宜纵向分幅填筑。如果需要必须纵向分幅填筑时，应将压实后渗水良好的土石混合料填筑于路堤的两侧。

⑤当土石混合填料来自不同路段，其岩性或土石混合比相差较大时，应分层或分段填筑。如不能分层或分段填筑时，应将含硬质石块的混合料铺于填筑层的下面，且石块不得过分集中或重叠，上面再铺含软质石料的混合料，然后整平碾压。

⑥在土石混合料中，当石料含量超过 70% 时，应先铺填大块石料，且大面向下，放置平稳，再铺小块石料、石碴或石屑嵌缝找平，最后进行碾压；当

石料含量小于 70% 时，土石可混合铺填，但应避免硬质石块（特别是尺寸较大的硬质石块）集中。

⑦高速公路及一级公路土石路堤的路床顶面以下 30～50 cm 范围内，应填筑符合路床要求的土料并分层进行压实，填料最大粒径不得大于 10 cm。其他等级的公路填筑砂类土厚度一般为 30 cm，最大粒径不大于 15 cm。

四、高填方路堤的填筑施工

①水稻田或长年积水地带，用细粒土填筑路堤高度在 6 m 以上，其他地带填土或填石路堤高度在 20 m 以上时，应按照高填方路堤的施工要求进行施工。

②高填方路堤在进行原地面清理后，如果地基土的强度不符合设计要求，应按特殊地区的地基施工的有关规定进行处理或加固。

③高填方路堤应严格按照设计的边坡进行填筑，不得出现缺填现象。

④高填方路堤的每层填筑厚度，应根据所采用的填料，按相应的有关规定执行。如填料来源不同，其性质相差较大时应分层填筑，不应分段或纵向分幅填筑。

⑤高填方路堤受水浸淹部分，应当采用水稳性较高及渗水性较好的填料，其边坡比不宜小于 1∶2。

⑥半挖半填的一侧高填方路堤为斜坡时，应按规定挖好横向台阶，并应在高填方路堤完成后，对设计边坡外的松散弃土进行认真清理。

第二节　挖方路基施工技术

一、土方路堑的开挖施工

土方路堑（低于原地面的挖方路基）的开挖应遵照下列要求。

①为充分发挥各类土的作用，对已开挖的适用于种植草皮和其他用途的表土，应储存于指定的地点，不得与填料混在一起。

②根据土方试验结果，对开挖出的适用的材料，应当用于路基的填筑，各类材料不应混杂，不适用的材料应按相应规定处理。

③土方路堑开挖不论开挖工程量和开挖深度大小，均应按照自上而下的顺

序进行，不得乱挖和超挖，严禁掏底开挖，在不影响边坡稳定的情况下采用爆破方法施工时应当经过专门设计，并报有关部门审批。

④在土方路堑开挖施工的过程中，如遇土质变化需要修改施工方案及边坡坡度时，应及时报批，必须经过有关部门批准。

如因冬季或雨季影响，使挖出的冻土或含水量大的土方不能及时用于填筑路堤时，应按路基季节性施工的有关方法进行处理。

路堑路床的表层下为有机土、难以晾干压实的土、路基填方材料最小强度小于规定数值和不适宜用作路床的土，均应清除，换填符合规定的土。

土方路堑开挖如遇到特殊土质时，应按照特殊地基的有关规定处理。

在确定土方路堑的施工标高时，应考虑因压实所产生的下沉量，其数值应由试验进行确定。

土方路堑的开挖，根据路堑的深度和纵向长度可按下列方式进行。

①横向挖掘法。以路堑整个横断面的宽度和深度，从一端或两端逐渐向前开挖的施工方法称为横向挖掘法。横向挖掘法一般适用于短而深的路堑，在采用横向挖掘法时可按下列方式进行。

a. 采用人力按横挖法挖掘路堑时，可在不同高度分成几个台阶开挖，其深度应根据工作与安全而定，一般宜为 1.5～2.0 m；无论自两端一次横挖到路基标高，还是分台阶进行横挖，均应设单独的运土通道及临时排水沟。

b. 采用机械按横向挖掘法挖掘路堑且弃土（或以挖作填）运距较远时宜用挖掘机配合自卸汽车进行，每层的台阶高度可增加到 3～4 m，其余的要求与人力开挖路堑相同。

c. 土方路堑横向挖掘法也可用推土机进行开挖。如果弃土或以挖作填运距超过推土机的经济运距时，可用推土机堆积，再用装载机配合自卸汽车运土。

d. 采用施工机械开挖路堑时，边坡处应配以平地机或人工分层修刮平整。

②纵向挖掘法。沿路堑全宽以深度不大的纵向分层挖掘前进的施工方法称为纵向挖掘法。纵向挖掘法适用于较长的路堑开挖，根据开挖的方式不同，又可分为通道纵挖法和分段纵挖法。

a. 通道纵挖法。先沿路堑纵向挖掘一个通道，然后将通道向两侧进行拓宽，上层通道拓宽至路堑边坡后，再开挖下层通道，如此向纵深开挖至路基标高的开挖方法，称为通道纵挖法。这种开挖方法适用于路堑较长、较深，两端地面纵坡较小的路堑开挖。

b. 分段纵挖法。沿路堑纵向选择一个或几个适宜处，将较薄一侧堑壁横向挖穿，使路堑分成两段或数段，各段再纵向进行开挖的方法，称为分段纵挖法。这种开挖方法适用于路堑过长、弃土运距过远的傍山路堑，其一侧堑壁不厚的路堑开挖。

③混合挖掘法。当路线纵向长度和挖深均很大时，宜采用混合挖掘法进行开挖，即将横向挖掘法与通道挖掘法混合使用。具体做法是先沿路堑纵向挖通道，然后沿横向坡面挖掘，以增加开挖坡面。每一坡面应设一个施工小组或一台机械作业。

边沟与截水沟的开挖应符合下列规定。

①边沟、截水沟及其他引、截排水的设施位置、断面尺寸及有关要求，应严格按照设计图纸的规定进行施工。在土方路堑开挖前，应先做好这类排水设施，其出口应通至桥涵的进出水口处。截水沟不应在地面坑凹处通过，必须通过时应按路堤填筑要求将凹处填平压实，然后再进行开挖，并防止出现不均匀沉陷和变形。

②平曲线外边沟沟底的纵坡，应与曲线前后的沟底相衔接。曲线内侧不得有积水或水外溢现象发生。

③路堑和路堤交接处的边沟，应缓缓引向路堤两侧的天然沟或排水沟，不得冲刷路堤。路基坡脚附近不得积水。

④所有排水沟应从下游出口向上游开挖，所有排水沟和截水沟设施应满足下列要求。

a. 沟基应进行加固处理，严禁将排水沟挖筑在未加处理的弃土上。

b. 沟形应规则、整齐，沟坡、沟底应平顺，无大的起伏变化，沟内清理应彻底，无浮土杂物。

c. 在进行沟水排泄时不得对路基产生危害。

d. 截水沟的弃土应用于路堑与截水沟间筑土台，应当分层压实或夯实。台顶设2%倾向截水沟的横坡，土台边缘坡脚距堑顶的距离不应小于设计规定，当设计上无规定时可按照"弃土处理"的规定执行。

在路堑的施工过程中，如果遇到地下水时应按下列规定处理。

①挖方地段遇到地下含水层时，应根据地基排水的原则规定，结合现场实际按"地基排水"有关规定执行。

②当路堑路床顶部以下位于含水量较多的土层时，应换填透水性良好的材

料，换填深度应满足设计要求，并整平凹槽底面，设置渗水沟，将地下水引出路基外，再分层回填压实。

弃土处理除按有关的规定执行外，还应符合下列规定。

①在开挖路堑弃土地段前，应根据施工现场的具体情况，提出弃土的施工方案报有关单位批准后实施，该施工方案应包括弃土方式、调运方案、弃土位置、弃土形式、坡脚加固处理方案、排水系统的布置及计划安排等方面，施工中方案改变时应上报批准单位进行复查。

②弃土堆的边坡不应陡于 1∶1.5，顶面向外应设不小于 2% 的横坡，其高度不宜大于 3 m；路堑旁的弃土堆，其内侧坡脚与路堑顶之间的距离，对于干燥硬土不应小于 3 m，对于软湿土不应小于路堑深度加 5 m。

③在山坡上侧的弃土堆应连续而不中断，并在弃土前设置截水沟；山坡下侧的弃土堆应每隔 50～100 m 设不小于 1 m 的缺口排水，弃土堆的坡脚应进行防护加固。

④严禁在岩溶漏斗处、暗河口处、贴近桥墩台处弃土。

二、石方路堑的开挖施工

①石方路堑应根据岩石的类别、力学强度、风化程度和节理发育程度等确定开挖方式。对于软石和强风化岩石，能用机械直接开挖的均应采用机械开挖，不能采用机械者也可人工开挖。凡不能使用机械或人工直接开挖的石方，则应采用爆破法开挖。

②在石方路堑需用爆破法开挖的路段中，如空中有缆线，应查明其平面位置和高度；还应调查地下有无管线，如果有管线，应查明其平面位置和埋设深度；同时应调查开挖边界线以外的建筑物结构类型、完好程度、距开挖界的距离，然后制订爆破方案。任何爆破方案的制订，必须确保空中缆线、地下管线和施工区边界处建筑物的安全。

③从事爆破作业的人员必须由经过专业培训并取得爆破证书的专业人员担任，严禁非专业人员进行爆破作业。

④根据确定的爆破方案，进行炮眼位置、炮孔深度和装药量的设计，其设计图纸和资料应报送有关部门进行审批。

⑤根据设计的炮眼位置和炮孔深度打眼，当工程量较小、施工工期允许时可采用人工打眼；当工程量较大、施工工期较紧时应采用机械打眼。

⑥石方路堑开挖时，应充分重视挖方边坡的稳定，一般宜选用中小型爆破；开挖风化较严重、节理发育或岩层产状对边坡稳定不利的石方路堑时，宜选用小型排炮微差爆破，小型排炮药室距设计边坡线的水平距离，不应小于炮孔间距的1/2。

⑦采用爆破法开挖石方路堑时，应按以下程序进行：施爆区管线调查→炮位设计与设计审批→配备专业施爆人员→用机械或人工清理施爆区覆盖层和强风化岩石→钻炮孔→爆破器材检查与试验→炮孔检查与废渣清除→装药并安装引爆器材→布置安全岗和施爆区安全员→炮孔堵塞→撤离施爆区和飞石、强地震波影响区内的人畜→起爆→清除瞎炮→解除警戒→测定爆破效果。

⑧当岩层走向与公路路线走向基本一致，倾角大于15°，且倾向公路或者开挖边界线外有建筑物，施爆可能对建筑物地基造成影响时，应在开挖层边界、沿设计坡面打预裂孔，预裂孔的深度与炮孔深度相同，但孔内不装炸药和其他爆破材料，孔的距离不宜大于炮孔纵向间距的1/2。

⑨为减少对爆破边坡的振动，开挖层靠近边坡的两列炮孔，特别是靠边缘的一列炮孔，宜采用减弱松动爆破。

⑩开挖边坡外有必须保证安全的重要建筑物，在采用减弱松动爆破也不能确保建筑物安全时，应采用人工开凿、化学爆破或控制爆破。

⑪在石方路堑开挖区应注意施工排水，在纵向和横向形成坡面开挖面，其坡度应满足排水要求，以确保爆破出的石料不受积水浸泡。

三、深挖路堑的开挖施工

①当路堑边坡的高度等于或大于20 m时，称为深挖路堑。深挖路堑的施工准备工作，根据土石类别按相应规定处理。

②施工前应详细复查设计文件所确定的深挖路堑地段的工程地质资料及路堑边坡，并收集了解土石界限、工程等级、岩层风化厚度、破碎程度、岩层工程特征；当路堑为砂类土时，应了解其颗粒级配、密实程度和稳定角；当路堑为细粒土时，应了解其含水量和物理力学性质，以及不良地质情况、地下水及其存在形式等。

应根据详细了解的工程地质情况、工程量大小和施工工期等，编制施工组织设计，并据以配备适当的机械设备、数量和劳动力。

③如果设计文件中的工程地质资料缺乏或严重不足，不能据以编制施工组

织设计时，应进行工程地质的补探工作；对于高速公路和一级公路补做工程地质勘探时，应以钻探为主。根据补做钻探所得工程地质资料而确定的技术方案，应在报请批准后才能实施。

④深挖路堑的边坡应严格按照设计坡度施工。如果边坡实际土质与设计勘探的地质资料不符，特别是实际土质比设计中的土质松散时，应向有关方面提出修改设计的意见，经批准后实施。

⑤当施工土质边坡时，宜每隔6～10 m高度设置平台，平台的宽度：人工施工时，不宜小于2 m；机械施工时，不宜小于3 m。平台表面横向坡度应向内倾斜，坡度一般为0.5%～1.0%；纵向坡度应与路线纵坡平行。平台上的排水设施应与整个排水设施连通。

⑥在深挖路堑的施工过程中，如果修建平台后边坡仍不能稳定或大雨后会产生坍塌时，应考虑修建砌石护坡，在边坡上种植草皮或做挡土墙。

⑦在施工过程中边坡上渗出地下水时，应根据地下水渗出的位置、流量、流速等情况，按照有关施工规范规定，修建地下水排除设施。

⑧土质单边坡深挖路堑的施工方法，宜采用"土方路堑的开挖"中的多层横向全宽挖掘法施工。

⑨土质双边坡深挖路堑的施工方法，宜采用"土方路堑的开挖"中的分层纵挖法和通道纵挖法。如果路堑纵向长度较大，一侧边坡的土壁厚度和高度不大时，可采用分段纵挖法。施工机械可采用推土机或推土机配合铲运机。当弃土运距超过铲运机的经济运距时，可采用挖掘机配合自卸汽车作业，或者采用推土机、装载机配合自卸汽车作业。

⑩土质深挖路堑无论是单边坡还是双边坡，均应按照"土方路堑的开挖"中的规定开挖，靠近边坡3 m以内禁止采用爆破法炸土施工。在距边坡3 m以外准备采用爆破法施工时，应进行周密设计，防止炸药量过多，并应报请有关部门批准。

⑪石质深挖路堑当地形和石质情况不符合采用"大爆破"的规定时，禁止使用大爆破施工方案。

⑫单边坡石质深挖路堑的施工，宜采用深粗炮眼、分层、多排、多药量、群炮、光面、微差爆破方法。

⑬双边坡石质深挖路堑的施工，一般可采用纵向挖掘法，应分层在横断面中部开挖出每层通道，然后横断面两侧再按照⑫的爆破方法作业。

第三节　路基压实技术

一、填土地路堤段基底的压实

细粒土、砂类土和砾石土不论采用何种压实机械，均应将该种土的含水量控制在最佳含水量±2%范围内压实。当土的实际含水量不在上述控制范围内时，应均匀洒水或将土摊开晾干，使含水量达到上述范围要求后方可进行压实。当土在摊平后，其含水量若接近压实的最佳含水量时，应迅速压实。

各种压实机具碾压不同土类的适宜铺土厚度和所需压实遍数，与填土的实际含水量及所要求的压实度大小有关，碾压中的技术参数应根据要求的压实度，按照所做试验路段的试验结果确定。

采用铲运机、推土机和自卸汽车推运土料填筑路堤时，应当注意及时平整每层填土，且自中线向两边设置2%～4%的横坡度，并及时进行碾压，在干燥天气和雨季施工时更应注意。

采用压路机碾压路基时应按照以下规定进行。

①在正式进行碾压前，应对填土层的松铺厚度、平整度和含水量进行全面检查，全部符合要求后方可进行碾压。

②压实应根据现场压实试验路段提供的松铺厚度和控制压实遍数进行。如果控制压实遍数超过10遍，应当考虑适当减少填土层厚度。经压实度检验合格后方可转入下一道工序。不合格处应进行补压后再进行检验，一直达到合格为止。

③高速公路和一级公路路基填土的压实，宜采用振动压路机或35～50 t轮胎压路机进行。采用振动压路机进行碾压时，第一遍应只静压、不振动，然后先慢后快，由弱振至强振，千万不可采用同样振动，更不能采用先强后弱的方式。

④各种压路机的碾压行驶速度开始时宜用慢速，最大行驶速度不宜超过4 km/h；碾压时直线段由两边向中间，小半径曲线段由内侧向外侧，纵向进退式进行；横向接头对振动压路机一般重叠0.4～0.5 m。对于三轮压路机一般重叠后轮宽度的1/2，前后相邻两区段（碾压区段之前的平整预压区段与其后的检验区段）宜纵向重叠1.0～1.5 m。在碾压施工中应达到无漏压、无死角，确保碾压均匀。

采用夯锤压实时，第一遍各夯位宜紧靠排列，如果有间隙则不得大于15 mm；第二遍夯位应在首遍夯位的缝隙上，如此连续夯实直至达到规定的压实度。

二、填石路堤的压实

①填石路堤在压实之前，应当用大型推土机将路堤表面摊铺平整，对于个别不平整之处应当用人工配合以细石屑找平。

②填石路堤均应压实并宜选用工作质量12 t以上的重型振动压路机、工作质量2.5 t以上的夯锤或25 t以上的轮胎压路机压（夯）实。当缺乏以上几种压（夯）实机具时，可采用重型静载光轮压路机压实，并减少每层填筑厚度和减小石料粒径，其适宜的压实厚度应根据试验确定，但不得大于50 cm。当采用重型振动压路机或夯锤压（夯）实填石路堤时，填筑厚度可加厚至1.0 m。

填石路堤压实时的操作要求，应先压两侧（靠路肩部分）再压中间，压实路线：对于轮碾应纵向互相平行，反复碾压；对于夯锤应成弧形，当夯实密实程度达到设计要求后，再向后移动一夯锤位置。行与行之间应重叠40～50 cm；前后相邻区段应重叠100～150 cm。

③填石路堤压实到所要求的紧密程度所需要的碾压或夯压的遍数应经过试验确定。当采用重锤夯实时，可按重锤下落时不下沉而发生弹跳现象进行压实度检验。

④填石路堤使用各种压实机具压实时的注意事项与压实填土路基相同。

⑤填石路堤顶面至路床顶面下30～50 cm（高速公路及一级公路为50 cm，其他公路为30 cm）范围内应填筑符合路床要求的土，并应按有关规定予以压实。

三、构造物处填方的压实

①桥台背后、涵洞两侧与顶部、锥坡与挡土墙等构造物背后的填土均应分层压实，分层进行及时检查，检查频率为每50 ㎡检查1点，当面积不足50 ㎡时至少检验1点，每点都应合格，每一压实层松铺厚度不宜超过20 cm。

涵洞两侧的填土与压实，桥台背后与锥坡的填土及压实，应对称或同时进行。

②各种填土的压实尽量采用小型的手扶振动夯或手扶振动压路机；但涵洞顶填土 50 cm 内应采用轻型静载压路机压实，以达到规定的压实度为准。

③高速公路和一级公路的桥台、涵身背后和涵洞顶部的填土的压实度标准，从填方基底或洞顶部至路床顶面的压实度均为 95%；其他公路的压实度为 93%。

四、土石路堤的压实

①土石路堤的压实方法与技术要求，应根据混合料中巨粒土的含量多少，分别按照"填方路堤的压实"或"填石路堤的压实"的规定执行。

②土石路堤的压实度可采用灌砂法或水袋法检验。其标准干密度应根据每一种填料的不同含石量的最大干密度做出标准干密度曲线，然后根据试坑挖取试样的含石量，从标准干密度曲线上查出对应的标准干密度。

当采用灌砂法或水袋法检验有困难时，可按"填石路堤（包括分层填筑岩块及倾填爆破石块）的紧密程度在规定深度范围内，以通过 12 t 以上振动压路机进行压实试验，当压实层顶面稳定，不再下沉（无轮迹）时，可判为密实状态"的规定进行检验。

若几种填料混合填筑，则应从试坑挖取的试样中计算各种填料的比例，利用混合填料中几种填料的标准干密度曲线查得对应的标准干密度，然后用加权平均的计算方法计算所挖试样的标准干密度。

③土石路堤的压实标准，可采用灌砂法或水袋法进行检验。当按"填石路堤（包括分层填筑岩块及倾填爆破石块）的紧密程度在规定深度范围内，以通过 12 t 以上振动压路机进行压实试验，当压实层顶面稳定而不再下沉（无轮迹）时，可判为密实状态"的条文规定方法检验时，应按该条文的规定判定压实度是否合格。

五、高填方路堤的压实

①高填方路堤的基底应按规定进行场地清理，并应按照设计要求的基底承压强度进行压实，当设计无具体要求时，基底的压实度宜不小于 90%。当地基比较松软，仅依靠对原土压实不能满足设计要求的承压强度时，应进行地基改善加固处理，以达到设计要求。

②高填方路堤的基底处于陡峻山坡或谷底时，应按照规定挖台阶处理，并严格分层填筑、分层压实。当场地狭窄时，压实工作宜采用小型的手扶振动压路机或振动夯进行压实。当场地较宽广时宜采用自行式自重12 t以上的振动压路机碾压。

③高填方路堤分层压实松铺厚度与一般公路的填方相同，应根据填筑材料类别和压实机具性能按照"填方路堤的压实"的规定确定。

④高填方路堤的压实度检验方法应根据填料的类别，按照填土、填石、土石路堤压实的有关规定选择。

第四节　特殊地区路基工程施工技术

一、河、海、湖、塘地区路基施工

1. 河、海、湖、塘地区路基施工应符合以下规定

①河、海、湖、塘地区路基施工，应事先查明洪水情况和路基基底有无泥沼软土地层；浸水路堤边坡的防护高度，应考虑设计水位和壅水高度；对于水面宽阔的河滩、海滩，还应考虑浪袭和余高；对于软土地基，应采取基底稳定措施。

②常水位以下的路基，应采用水稳性良好、塑性指数不大于6且压缩性小、不易风化的透水性土料填筑，如采用天然级配的砂砾、卵石、矿渣、碎石、块石、片石等，边坡不得陡于1∶2，必要时可在一侧或两侧设置护道和边坡防护。

③路基跨越洪水淹没的地段，其两侧不得设置取土坑。特殊情况下的三、四级公路，如果确实需要设置取土坑，应留有宽度不小于4 m的护坡道，并在路基下游20 m以外设置。

④路基的防护应根据实际情况采用不同形式，如植物防护、混凝土板护坡、砌石护坡、抛石防护、石笼防护、挡土墙防护等措施。

⑤在进行两侧水位差较大的河滩路基施工时，为防止下游出现管涌现象，除放缓下游一侧的边坡外，还宜设置滤水趾和反滤层。如果预计渗流会通过基底时应在基底设置隔渗墙或隔渗层。

⑥在进行路基工程施工期间，应特别注意选择适宜的施工季节和重视防洪工作，防洪工程应在洪水期前完成。

2. 水库路基的施工应符合以下规定

①利用水库路基作为道路的路基时，应查明水库路基稳定程度是否符合路基使用要求，并考虑日后水库和道路的发展规划。如果原水库路基宽度不满足要求，应在外侧进行加宽；如果属于新建水库，不仅在水库修建时一起考察路基，而且应争取在蓄水前将路基竣工。

②路基基底如果在施工时已被库水浸泡，或者因水库蓄水引起地下水位升高而造成基底松软者，在路基填筑前对基底应按软土地基进行处理。

③对路基浸水部分进行加宽时，应采用水稳定性良好的土料填筑。如确实有困难，必须用一般黏性土填筑时，应进行稳定性验算，确定水下边坡的坡度。当路基高度小于20 m时边坡可采用（1∶2）～（1∶3）。

④水库路基及其防护工程，除按有关规定进行设计和施工外，对深水浸泡或急浪冲击的高填方路堤，宜在防护设施顶面设置宽度不少于2 m的护道。

⑤当水库路基上游地段有冲刷作用时，对基础防护要考虑冲刷深度，以防止路基趾脚被冲刷而掏空。

⑥水库库岸有可能发生崩塌、滑坡、松软等现象，危及路基安全的，必须进行防护加固处理。

3. 山区沿河路基的施工应符合以下规定

①山区沿河路基的施工，除应注意洪水影响外，当穿越地质不良的陡峻沟谷时，还应特别勘查有无泥石流的影响，并应采取排水、导流、拦截等措施。

②山区沿河高填路段的半填半挖及旧路加宽段，施工时必须确保路基的稳定，峡谷地段宜采用石质填料或挡土墙；沿河半填及加宽段，接触面应挖成向内反坡2%～4%的台阶，台阶每级的宽度，当采用小型压实设备时不得小于1.0 m。

③对路基开挖所产生的弃方应妥善处理，有条件的工程可利用弃方进行筑坝，以保护沿河村舍农田的安全，或适当放缓填方边坡，但不宜弃于沿河的一侧。

④山区沿河路基，经常受到河水的浸泡和冲击，应针对水流冲刷情况，进行加固和防护处理。

⑤当路基边坡有潜水或渗水层时，必须按照有关规定设置渗沟排水设施，将边坡内的水引出路基范围之外。

4.河、海、湖、塘地区的高速公路和一级公路路基施工应符合以下规定

①对于河、海、湖、塘地区的高速公路和一级公路路基，必须事先详细查清洪水影响、山坡地质、路基基底、水文条件等情况，并采取相应措施。

②在有条件的施工工地，取土最好设置集中取土场。常水位以下路基的施工材料，应选用矿渣、碎石、砾石、卵石等水稳定性良好的材料，其粒径不宜大于30 cm。位于水位涨落的工程部分，也宜选用水稳定性良好的材料，如具有天然级配的砂砾、卵石、粗砂、中砂，或者石质坚硬不易风化的片石、碎石等。

③必须根据水流对路基破坏作用的性质、程度，对路基进行防护和加固，加固方式可采用植物防护、砌石防护、抛石防护、石笼防护、挡土墙防护等措施。

二、风沙地区路基施工

①风沙地区路基的施工，宜选在少风、风速较小或有雨季节分段集中施工，并在大风来临前全部完成。如果当地风力较强或需要在风季施工时，应采取相应的临时防护措施；对设计的永久防护工程，若材料运输有困难，需待通车后施工时，可采取临时防护加以过渡。

路堤分层填筑时，各段各层最好当日完工，对于当日不能完工的地段，坡面和路肩应加以覆盖；开挖路堑应从一开始就随挖随用平铺式栅栏或草席、芦苇等材料，将坡面、路肩保护好，周围用小木桩固定或用大石块、混凝土预制块压住。

②风沙地区路基的施工，应根据当地风向情况选择取土坑的位置。在单一风向地区，取土坑宜设在路堤下风一侧距路基坡脚至少5 m处；在有反向风交替作用的地区，取土坑可设在路基的两侧，施工完成后应将其边坡修成缓坡，使其断面呈浅槽形。

应当尽量利用挖方材料，如果需要废弃挖方材料，应弃于背风坡一侧的低洼地或距路堑坡顶不小于10 m处，并将废弃的材料摊平。

③风沙地区路基的施工，应采取措施保护线路两侧的地表原有植被和硬壳，施工前应准备充分的防护材料。对于因施工作业使地表两侧受损的部分，应按设计要求在新露出的沙面上及时填筑砾卵石土防护层。施工的路基应集中力量完成一段，防护一段。

④风沙地区路基的压实非常重要，一般应按以下工序进行压实。

a. 对于风沙地区，当用粉砂或细砂填筑路基时，应按一定的厚度分层压实。根据现场自然条件、砂的特性及水源分布等情况确定压实机械和压实方法，一般宜采取以机械振动压实为主，结合蓄水、快成型、快防护的施工方法。

b. 对于缺土、缺水的风沙地区，当采用以上压实确有困难时，可采用土工合成材料（如编织布、编织袋等）对路基进行加固。

⑤在地形开阔的风沙流地段，应将路基两侧 20～50 m 范围内的小沙滩、弃土堆、小土丘等，凡是能引起积沙的阻碍物予以清除、摊平。

⑥植物固沙是防治的根本措施，在有条件的地方采用植物固沙方法时，要严格按照设计要求的树种或灌木种类和设计规定的种植间隔尺寸及布置形式进行栽种。

在无条件采用植物固沙的地区及采用植物固沙的初期，为防止沙害并为植物固沙创造条件，应采取一定的工程防沙措施。在固沙林带的前缘，为防止产生积沙现象，也应适当设置工程防沙设施。

工程防沙措施主要有固、阻、输、导 4 种类型，应根据设计并结合路基施工情况及时配套完成。

⑦采用格状沙障施工时，应做到稳固、牢实、风吹不动。有水源条件的，可在草方格内播撒适于沙漠生长的植物种子，使方格内生长出固沙植物。公路的路线如果通过牧区，还应在路基两侧设置铁丝隔离栅，防止人畜进入破坏草方格。

在设置草方格沙障时，在迎风侧应先设主带（垂直主风向）、后设副带（平行主风向），在背风侧先设副带、后设主带，施工时均应先远后近、自上而下。当有新月形沙丘，应从迎风坡脚开始设置。

埋设防风栅栏（也称立式沙障）应整平两侧地面，插铺草束，压实插实，埋设稳固，防止栅栏底部被风掏空。

⑧砂质路基的主体应按设计要求进行全面防护。在路基顶面、边坡面及坡脚外 5～10 m 地面范围内，用黏性土、盐盖、砾（卵）石、乳化沥青等材料进行平铺覆盖或处理。

黏性土封闭防护是风沙地区路基常用的一种经济而有效的防护措施。采用黏性土防护时，应通过试验测定其塑性指数，符合设计要求的方可使用。

⑨在风沙地区筑路时，路线主要控制桩、护桩、水准基点桩、路基边桩等标志，均应设置明显的标记，并妥善保护，防止被沙埋没。

三、黄土地区路基施工

①在黄土地区填筑路基时，路基基底处理应按设计要求进行施工，并应符合以下要求。

a. 如果基底为非湿陷性黄土且无地下水活动时，可按一般黏性土地基进行基底处理，同时做好两侧的施工排水、防水措施。

b. 如果基底为湿陷性黄土，应采取拦截、排除地表水的措施，防止地表水的下渗，减少地基地层湿陷性下沉，其他地下排水构造物与地面排水沟渠必须采取防渗措施。

c. 如果基土层具有强湿陷性或较高的压缩性，且容许承载力低于路基自重压力时应考虑地基在路基自重和活荷载作用下所产生的压缩下沉，除采取防止地表水下渗的措施外，还可考虑采用重锤夯实、石灰桩挤密加固、换填土等措施。

②用黄土材料填筑路堤时应符合下列要求。

a. 新、老黄土均可作为路堤的填筑材料。

b. 黄土路堤施工时应做好填挖界面的结合，清除坡面杂草，挖好向内倾斜的台阶。如果结合面比较陡立，无法挖成台阶时，可采用土工钉加强结合。

c. 黄土路堤的边坡应当认真进行整理，其表面应整平拍实，并应及时予以防护，防止路表水对其冲刷。

d. 不能用黄土填筑浸水路堤，当必须使用黄土时，应采取相应的措施，并报请有关部门批准后方可实施。

③黄土路堤的压实要求与一般黏性土相同，应按照处理黏性土的有关规定执行，并应符合下列要求。

a. 黄土若含水量过小应均匀加水后再进行碾压，黄土若含水量过大，则可翻松晾晒至需要含水量后再进行碾压，也可掺入适量石灰处理，以降低含水量，掺加石灰后应将灰和土拌匀，其最大干密度应通过击实试验确定。

b. 路堤的填筑方法、碾压施工等各方面，均应按相关规定办理。

c. 黄土地区路床的土基强度应符合设计要求，当不能满足要求时，应对原土进行处置。

④在高填方路堤施工期间，应在两侧或一侧（超高段）设临时阻水、拦水设施，以防止雨水冲毁边坡。路堤填筑至设计高程后，应根据设计及时修筑外侧边缘的拦水、截水沟构造物和急流槽，将水引至路堤坡脚以外。对于高度大

于 20 m 的路堤，应按设计预留竣工后路堤自重压密固结产生的压缩下沉量。

⑤黄土路堑的边坡应严格按设计坡度进行开挖，如设计的边坡为陡坡时（如 1∶0.1），施工中不得放缓，以免引起边坡冲刷。

在黄土路堑的施工过程中，当挖至接近设计标高时，应对上路床部分的土基整体强度和压实度进行检测。

如果路堑路床土质不符合设计规定，则应将不合格部分挖除，换填其他土料分层摊铺、压实至规定的压实度。挖除厚度根据道路等级对路床的要求而定，高速公路及一级公路宜挖除 50 cm，其他等级公路可挖除 30 cm。

如果路堑路床的密实度不足，土质符合设计要求，则应根据其含水量情况，经洒水或翻松晾晒至要求含水量后，再进行整平碾压至规定的压实度。

⑥黄土地区应特别注意路基排水，对地表水应采取拦截、分散、防冲、防渗、远接远送的原则，根据设计及时做好综合排水设施，将水迅速引离路基，以避免损害路基。在填挖交界处引出边沟水时应做好出水口的加固。

a. 湿陷性黄土路基的地下排水管与地面排水设施，应当根据设计要求进行加固和采取防渗措施，不可随意布置和处理。

b. 黄土路基水沟的加固类型，一般宜采用浆砌片石或混凝土板。如果采用预制混凝土板拼砌时，其接缝处应严密无渗漏。

⑦黄土陷穴应进行处理。处理时，首先要查清陷穴的供给来源、水量大小、发展方向及对路基可能造成的危害，根据具体情况采取以下相应的处理方法。

a. 在路堑顶部及路堤的靠山一侧做好排水工程，将地表水、地下水引入有防渗层的水沟内，截断产生陷穴的来源。

b. 对于通过路基路床的陷穴，要向上游追踪至发源地点。在发源地点把陷穴进口封填好，并引排周围的地表水，使其不再向陷穴进口流入。

c. 对于现有的陷穴、暗穴，可采用灌砂、灌浆、开挖回填等措施进行处理，开挖的方法可以采用导洞、竖井和明挖等。

d. 处理好的黄土陷穴，其土层表面均应用 3∶7 的石灰土填筑夯实，或填筑老黄土等不透水材料加以改善。石灰土的厚度应按设计严格执行，如设计中未有要求时，其厚度不宜小于 30 cm，并将流向陷穴的附近地面水引排出去，防止形成地表积水或水流集中产生冲刷。

⑧黄土陷穴的处理范围，应根据具体情况而定，一般宜在路基填方或挖方

边坡外上侧50 m、下侧10～20 m的区域内。若陷穴倾向路基，虽在50 m以外，仍应进行适当处理。对于串珠状陷穴应彻夜进行处置。

第五节　路基防护技术

一、坡面防护

坡面防护又称边坡防护，主要用以防护易受自然因素影响而破坏的土质和岩石边坡，其目的是保证路基边坡表面免受雨水冲刷，减缓温差及湿度变化的影响，从而提高边坡的稳固性，美化路容、增加行车舒适感。常用的坡面防护方式有植物防护和工程防护等。

（一）植物防护

植物防护适用于比较平缓的稳定土质边坡，可利用植被根系固结表土，调节坡体的温湿状况，确保边坡稳定，同时植物防护具有绿化道路和保护环境的作用。植物防护适用于适宜植物生长的土质边坡，如公路、铁路、河坝等工程的坡面防护。植物防护的方法主要有种草、铺草皮和植树。

1. 种草

种草防护法是直接在坡面上播种草籽，经浇水、保湿使之成活，适用边坡坡度不陡于1∶1，土质适宜种草，不浸水或短期浸水但地面径流速度不超过0.96 m/s的边坡。

采用种草防护时，应选择容易生长、根部发达、叶茎低矮或有匍匐茎的多年生草种，最好采用几种草籽混合播种，使之生成一个良好的覆盖层。种草应在温度、湿度较大的季节播种。

2. 铺草皮

铺草皮适用于需要快速绿化，且坡率缓于1∶1的土质边坡和严重风化的软质岩石边坡。草皮应选用根系发达、茎矮叶茂的耐旱草种，不宜采用喜水草种，严禁采用生长在泥沼地的草皮。应根据具体条件（坡度与流速等），分别采用平铺（平行于坡面）、水平叠置、垂直坡面或与坡面成一半坡角的倾斜叠植草皮，还可采用网格式（采用片石铺砌成方格或拱式边框，方格式框内铺草皮）等方式。

铺草皮需预先备料，草皮可就近培育，切成整齐块状，每块草皮的尺寸以 20 cm × 40 cm 为宜，然后移铺在坡面上。铺时应正面向上，并用竹木小桩将草皮钉在坡面上，使之稳固。草皮应随挖随铺，注意相互贴紧。

3. 植树

植树适用于坡度不陡于 1 : 1.5 的土质和全风化的岩石边坡。植树可以降低水流速度，促进泥沙淤积，防止或减轻水流对路基或河岸的冲刷。植树可以加强路基的稳定性，还有防风、防沙、防雪、美化路容、调节气候等作用。

根据不同的防护要求，可按梅花形、方格形进行条带式或连续式栽植。树种应为根系发达、枝叶茂盛、适合当地迅速生长的低矮灌木。常用灌木树种有紫穗槐、蔷薇、山楂等。道路弯道内侧边坡严禁栽植高大树木。植树防护最好与种草结合使用，使坡面形成一个良好的覆盖层，这样才能更好地起到防护作用。

4. 其他方法

除上述三种方法之外，还可采用三维植被网防护、湿法喷播和客土喷播等方法。三维植被网防护适用于砂性土、土夹石及风化岩石的边坡防护；湿法喷播适用于土质边坡、土夹石边坡、严重风化岩石坡面的路堑和路堤边坡及中央分隔带、立交区、服务区及弃土堆的绿化防护；客土喷播适用于风化岩石、土壤较少的软质岩石、养分较少的土壤、硬质土壤、植物立地条件较差的高大陡坡面和受侵蚀显著的坡面。

（二）工程防护

当不宜使用植物防护或考虑就地取材时，采用砂石、水泥、石灰等矿物材料进行坡面防护是常用的防护形式。它主要有抹面防护、填缝和灌浆防护、喷护和挂网喷护、砌石防护和护面墙防护等形式，可根据不同条件选用。

1. 抹面防护

抹面防护是将混合料均匀地涂抹在坡面，适用于表面易风化，但比较完整、尚未剥落的软质岩石挖方边坡，以预防风化成害。

常用的抹面材料有石灰浆、石灰炉渣灰浆、石灰炉渣三合土或水泥石灰砂浆。抹面厚度可视材料和坡面状况而定，一般为 2～10 cm。操作前应清理坡面风化层、浮土与松动碎块、填坑补洞，洒水润湿；抹面后，应拍浆、抹平和养护。抹面用料的配合比应经试验确定，保证能稳固地密贴于坡面。

2. 填缝和灌浆防护

填缝的目的是修复岩体内的裂隙以保持岩石边坡的整体性，避免水分渗入岩体缝隙造成灾害，适用于质地较硬、不易风化的岩石挖方边坡。按缝隙大小和深浅不同，可采用勾缝和灌缝两种形式。勾缝防护是防止雨水沿裂缝侵入岩层内部而造成病害的一种有效方法。它适用于较坚硬的、不易风化的、节理多而细的岩石挖方边坡。勾缝材料可用水泥砂浆或水泥石灰砂浆。砂浆应嵌入缝中，与岩体牢固结合。

灌缝防护是借砂浆的黏结力把裂开的岩石黏结为一体，以保证岩石边坡稳定的方法。它适用于较坚硬、裂缝较大且较深的岩石挖方边坡。灌缝材料可用水泥砂浆，裂缝很宽时可用混凝土灌注。灌缝要灌满到缝口并抹平。勾缝和灌缝施工前应将缝内冲洗干净，以利黏结。

3. 喷护和挂网喷护

喷护适用于易风化但尚未严重风化、坡面不平整的岩石边坡。挂网喷护适用于高而陡的边坡、上部岩层较破碎而下部岩层完整的边坡和需大面积防护的边坡。

喷浆防护采用的砂浆强度不应低于M10，厚度宜为5～10 cm，喷浆防护应设置伸缩缝，伸缩缝间距宜为15～20 cm；还应每隔2～3 m交错设置孔径为100 mm的泄水孔。

挂网喷护应在混凝土内设置菱形金属网或高强度聚合物土工格栅，并通过锚杆或锚固钉固定于边坡上。喷射砂浆宜采用骨料最大粒径不超过15 cm、强度不低于C15的水泥混凝土，厚度宜为10～15 cm。

施工前坡面如有较大裂缝、凹坑时，应先嵌补牢实，使坡面平顺整齐；岩体表面要冲洗干净，土体表面要平整、密实、湿润。喷层厚度要均匀，喷后应养护7～10 d，喷层周边与未防护坡面的衔接处应做好封闭处理。

4. 砌石防护

砌石防护有干砌和浆砌两种，可用于土质或风化岩质路堑或土质路堤边坡的坡面防护，也可用于浸水路堤及排水沟渠作为冲刷防护。

干砌片石护坡适用于易遭受雨、雪、水流冲刷的较缓土质边坡，风化较重的软质岩边坡，受水流冲刷较轻的河岸和路基，边坡坡度不陡于1∶1.25。干砌片石护坡一般分为单层铺砌和双层铺砌。

单层铺砌厚度为 0.25～0.35 m，双层的上层为 0.25～0.35 m，下层为 0.15～0.25 m。

铺砌层下应设置碎石或沙砾垫层，厚度为 10～15 cm，也可用反滤效果等效于沙砾垫层的土工布代替。

当水流速度较大、波浪作用强、有漂浮物冲击时，可采用砌片石护坡。砌片石护坡适用于坡度缓于 1∶1 的易风化岩石和土质路堑边坡。浆砌片石护坡采用的砂浆强度不得低于 M5，护坡厚度宜为 25～50 cm，当用于冲刷防护时，应按流速及波浪大小等因素确定，最小厚度一般不小于 0.35 m。护坡底面应设厚度为 10～15 cm 的碎石或沙砾垫层，也可用反滤效果等效于沙砾垫层的土工布代替。

浆砌片石护坡较长时，要分段施工，一般每隔 10～15 m 设置 2 cm 宽的一道缝，内填沥青麻筋或沥青木板；护坡下部应设置泄水孔，其间距为 2～3 m，以便排泄护坡背面的积水及减小渗透压力。在地基土质变化处还应设置沉降缝。

5. 护面墙

护面墙简称护墙，是一种墙体形式的坡面防护，适用于坡度较陡又易风化或较破碎的岩石挖方边坡及坡面易受侵蚀的土质边坡，护面墙不仅要求墙面紧贴坡面，表面砌平，还要求紧贴边坡坡面修建。护面墙除自重外，不承受墙背的土压力，故要求挖方边坡必须符合极限稳定边坡的要求。护面墙常采用浆砌片石结构，在缺乏石料的地区，也可以采用混凝土结构，墙基要求设置在可靠地基上，在底面做成向内斜的反坡。

护面墙基础应埋置在稳定的地基上，埋置深度应根据地质条件确定，冰冻地区应埋置在冰冻深度以下不小于 25 cm 处。护面墙墙前趾应低于边沟铺砌的底面。

二、冲刷防护

冲刷防护与加固主要针对沿河滨海路堤、河滩路堤及水泽区路堤，亦包括桥头引道，以及路基边坡的防护堤岸等。是防止水流对路基的冲刷与淘刷而危及岸坡，保证路基稳固而设置的防护。冲刷防护措施有两种：一种是加固岸坡的直接防护，如坡面防护，抛石防护，石笼防护等；另一种是改变水流性质的间接防护，主要是指导流结构物，如丁坝、顺坝、防洪堤、拦水坝等。应根据河流情况、水流性质及岸坡受冲刷情况单独使用一种，或同时使用两种，综合防护治理。

（一）直接防护

直接防护类型有植物防护、砌石防护或抛石与石笼防护，以及必要时设置的支挡（驳岸等）防护，以减轻或避免水流的直接冲刷。此法一般直接加固稳定边坡，很少干扰或不干扰原来水流的性质。在盛产石料的地区，当水流速度达到 3.0 m/s 或更高时，植树与石砌防护失效，可采用抛石防护。当水流速度达到或超过 5.0 m/s 时，则改用石笼防护。

1. 抛石防护

抛石防护类似在坡脚处设置护脚。路基经常浸水且水流方向平顺，河床承载力较好，无严重冲刷时，宜采用抛石防护。一般在枯水季节施工，附近盛产大块砾石、卵石以及废石方较多的路段，应优先考虑采用此种方法。

抛石不受水位高低变动的影响，也不受施工季节的限制，并可在路基沉实之前施工。抛石粒径应大于 0.3 m，并小于设计抛石厚度的 1/2。抛石厚度一般为粒径的 3~4 倍，或为最大粒径的 2 倍，坡度不应陡于所抛石料浸水后的天然休止角。

2. 石笼防护

石笼防护就是采用铁丝（或钢筋混凝土、竹料等）编织成框架，内填石料，设于防护处，它一般适用于缺乏大石块或水流速度达到或超过 5.0 m/s 时。特别在含有大量泥沙及基底土质良好的急流河段，采用石笼防护尤为有利，因为石块间的空隙将很快被泥沙淤满而使石笼形成整体。

根据编笼所用材料的不同，石笼可分为竹石笼、铁丝石笼和钢筋混凝土框架石笼等形式。铁丝石笼一般可容许流速 4~5 m/s 的水流冲刷；钢筋混凝土框架石笼可用于急流滚石河段；在盛产竹料的地区可用竹石笼代替铁丝石笼。

根据需要，石笼的形状可做成箱形或圆柱形。笼内填石最好为密度大、坚硬未风化的石块，粒径一般为 5~20 cm。外层应用大石块并使棱角突出网孔，内层用较小石块填充。石笼应平铺并与坡角线垂直，且堤岸按一端固定，必要时底层各角应用铁棒固定。

（二）间接防护

间接防护就是采用导流构造物，进行疏浚河床、改变河道，以改变流水方向、调节水流速度，消除和减缓水流对堤岸直接破坏。间接防护既可减轻堤岸近旁淤积，彻底解除水流对局部堤岸的损害作用，又可起安全保护作用。

间接防护措施主要有丁坝、顺坝和格坝等。

1. 丁坝

丁坝也称挑水坝，是指坝根与岸滩相接，坝头伸向河槽，坝身与水流方向成某一角度，能将水流挑离河岸的结构物。它适用于宽浅变迁性河段，用以挑流或减低流速，减轻水流对河岸或路基的冲刷。丁坝按其轴线和水流方向夹角的不同可分为上挑式、下挑式和正挑式。丁坝一般用来束水归槽，改善水流状态，保护河岸。丁坝的长度应根据防护长度、丁坝与水流方向的交角、河段地形、水文条件及河床地质情况确定，垂直于水流方向上的投影长度不宜超过稳定河床宽度的 1/4。

2. 顺坝

顺坝为坝根与岸滩相接，坝头大致与堤岸平行的结构物。主要用于导流、束水，调整河道，改变流态，也可称作导流坝、顺水坝。它适用于河床断面较窄、基础地质条件较差的河岸或沿河路基防护，可调整流水曲线和改善流态。顺坝一般采用石砌或混凝土结构，横断面为梯形，坝顶宽度应根据稳定计算确定。

3. 格坝

格坝是建于顺坝与河岸之间，其一端与河岸相连，另一端与顺坝坝身相连的横向导流结构物。格坝的作用是将水流反射入主河床，同时防止洪水溢入顺坝冲刷坝后河床与河岸，并促进泥沙的淤积。

第二章 路面工程施工技术

第一节 路面基层工程

一、道路路基基层结构的类型

直接位于沥青面层用高质量材料铺筑的主要承重层,或直接位于水泥混凝土面板下用高质量材料铺筑的结构层称为基层。基层可以是一层或两层,也可以是一种或两种材料。在沥青路面基层下用质量较次材料铺筑的次要承重层,或在水泥混凝土路面基层下用质量较次材料铺筑的辅助层称为底基层。路面基层主要承受由面层传来的车辆荷载垂直力,并把这个垂直力扩散到垫层和土基中,这要求路面基层应有足够的强度和刚度。

根据现行规范的规定,路面基层(底基层)可分为无机结合料稳定类基层和无结合料的粒料类基层。其中无机结合料稳定类基层又称为半刚性或整体性基层。无机结合料稳定类通常包括水泥稳定类、石灰稳定类、石灰工业废渣稳定类和水泥石灰综合稳定类。半刚性基层材料的显著特点是抗冻性优、整体性强、承载力高、刚度较大、水稳性好,它是我国高等级道路路面基层的主要材料。

粒料类基层主要分为级配型和嵌锁型两种。级配型包括级配碎石、级配砾石、符合级配的天然砂砾、部分砾石经轧制掺配而成的级配砾、碎石等。嵌锁型包括泥结碎石、泥灰结碎石、填隙碎石等。

二、路面基层中的常用术语

1. 基层

直接位于沥青面层下、用高质量材料铺筑的主要承重层或直接位于水泥混凝土面板下、用高质量材料铺筑的结构层称为基层。基层可以是一层或两层，可以是一种或两种材料。

2. 底基层

在沥青路面基层下、用质量较次材料铺筑的次要承重层或在水泥混凝土路面基层下、用质量较次材料铺筑的辅助层称为底基层。底基层可以是一层或两层，可以是一种或两种材料。

3. 细粒土

颗粒的最大粒径小于 9.5 mm，且其中小于 2.36 mm 的颗粒含量不少于 90% 的土称为细粒土，如塑性指数不同的各种黏性土、粉性土、砂性土、砂和石屑等。

4. 中粒土

颗粒的最大粒径小于 26.5 mm，且其中小于 19.0 mm 的颗粒含量不少于 90% 的土称为中粒土，如砂砾土、碎石土、级配砂砾、级配碎石等。

5. 粗粒土

颗粒的最大粒径小于 37.5 mm，且其中小于 31.5 mm 的颗粒含量不少于 90% 的土称为粗粒土，如砂砾石、碎石土、级配砂砾、级配碎石等。

6. 水泥稳定土

水泥稳定土是用水泥做结合料所得混合料的一个广义的名称，它既包括用水泥稳定各种细粒土得到的混合料，也包括用水泥稳定各种中粒土和粗粒土得到的混合料。在粉碎的或原来松散的土中，掺入足量的水泥和水，经拌和得到的混合料在压实和养生后，当其抗压强度符合规定的要求时称为水泥稳定土。

用水泥稳定细粒土得到的强度符合要求的混合料，视所用的土类而定，可分别简称为水泥土、水泥砂和水泥石屑等。

用水泥稳定中粒土和粗粒土得到的强度符合要求的混合料，视所用原材料而定，可简称为水泥碎石、水泥砂砾等。

7. 综合稳定土

同时用水泥和石灰稳定某种土而得到的强度符合要求的混合料，简称为综合稳定土。

8. 水泥改善土

仅使用少量水泥改善级配砾石的塑性指数或提高级配砾石的强度，使其能适合做轻交通道路上沥青面层的基层，而达不到有关规范中规定的强度要求时，这种材料称为水泥改善土。

9. 土的均匀系数

筛分土的颗粒组成时，通过量为60%的筛孔尺寸与通过量为10%的筛孔尺寸之比值，称为土的均匀系数。

10. 集料

由碎石（或砾石）、砂粒和粉粒（有时还可能有黏粒）组成的，并以碎石（或砾石）和砂粒为主的矿料混合料，统称其为集料。

粒径大于2.36 mm的集料，称为粗集料；粒径小于2.36 mm的集料，称为细集料。

11. 石灰稳定土

在粉碎的或原来松散的土（包括各种粗、中、细粒土）中，掺入足量的石灰和水，经拌和、压实和养生后得到的混合料，当其抗压强度符合规定的要求时，称为石灰稳定土。

用石灰稳定细粒土得到的强度符合要求的混合料，称为石灰土。

用石灰稳定中粒土和粗粒土得到的强度符合要求的混合料，应根据所用原材料而定，原材料为天然砂砾土或级配砂砾时，称为石灰砂砾土；原材料为碎石土或级配碎石时，称为石灰碎石土。

用石灰稳定原中级路面，使其适应做沥青路面和水泥混凝土路面的基层时，属于石灰砂砾土或石灰碎石土。

12. 石灰改善土

仅使用少量石灰改善级配砾石的塑性指数或提高级配砾石的强度，使其能适应做轻交通道路上沥青面层的基层，但达不到规定的强度要求时这种材料称为石灰改善土。

13. 石灰工业废渣稳定土

一定数量的石灰和粉煤灰或石灰和煤渣与其他集料相配合，加入适量的水（通常为最佳含水量），经拌和、压实及养生后得到的混合料，当其抗压强度符合规定的要求时，称为石灰工业废渣稳定土，简称为石灰工业废渣。

一定数量的石灰和粉煤灰，一定数量的石灰、粉煤灰和土以及一定数量的石灰、粉煤灰和砂相配合，加入适量的水（通常为最佳含水量），经拌和、压实及养生后得到的混合料，当其抗压强度符合规定的要求时，分别简称为二灰、二灰土、二灰砂。

用石灰和粉煤灰稳定级配碎石或级配砾石得到的混合料，当其强度符合要求时，分别称为石灰、粉煤灰级配碎石和石灰、粉煤灰级配砾石。这两种混合料又统称为石灰、粉煤灰级配集料，或分别简称二灰级配碎石、二灰级配砾石、二灰级配集料。

用石灰、煤渣和土以及石灰、煤渣和集料得到的强度符合要求的混合料，分别称为石灰煤渣土和石灰煤渣集料。

14. 级配碎石

粗、中、小碎石集料和石屑各占一定比例的混合料，当其颗粒组成符合规定的密实级配要求时，称为级配碎石。

15. 级配砾石

粗、中、小砾石集料和石屑各占一定比例的混合料，当其颗粒组成符合规定的密实级配要求且塑性指数和承载比均符合规定要求时，称为级配砾石。

16. 未筛分碎石

轧石机轧出来的粒径大小不一的碎石混合料，仅用一个筛孔尺寸与规定最大粒径相符的筛筛去超尺寸颗粒后得到的碎石混合料，称为未筛分碎石。它的理论颗粒组成为 $1 \sim D$ mm（D 为碎石最大粒径），并具有较好的级配。

17. 石屑

轧石场通过筛分设备最小筛孔（通常为 5 mm 或 3 mm）的细筛余料，称为石屑。其理论颗粒组成为 $0 \sim d$ mm（d 为轧石场用最小筛孔尺寸）。实际上，石屑中常有部分粒径大于 d mm 的超尺寸颗粒。

18. 填隙碎石

用单一尺寸的粗碎石作为主骨料，形成嵌锁结构，起承受和传递车轮荷载的作用，用石屑作为填隙料，填满碎石间的孔隙，增加密实度和稳定性，这种材料称为填隙碎石。

19. 松铺厚度

用各种不同方法摊铺任何一种混合料时，其密实度经常显著小于碾压后达到的规定密实度。这种未经压实的材料层厚度称为松铺厚度。

20. 松铺系数

材料的松铺厚度与达到规定压实度的压实厚度之比值，称为材料的松铺系数，工程中常精确到小数点后两位。

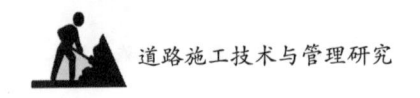

第二节 水泥混凝土路面施工技术

一、水泥混凝土路面概述

水泥混凝土路面指由水泥混凝土面板或基（垫）层所组成的路面，亦称刚性路面。它包括钢筋混凝土、连续配筋混凝土、预应力混凝土、装配式混凝土和钢纤维混凝土路面。目前采用最广泛的是现浇素混凝土路面，也称水泥混凝土路面（简称"混凝土路面"）。

（一）水泥混凝土路面的特点

1. 水泥混凝土路面的主要优点

①具有较高的抗压强度、抗弯拉强度，并有较好的抗磨耗能力，疲劳寿命长。
②耐水性、耐高温性强，耐候性及耐久性优良。
③养护费用少、经济效益高。与沥青路面相比，养护工作量和养护费用均少。但建筑投资较大，而分摊于每年的工程费用较少。因此，从长远角度来看，水泥混凝土路面的经济效益是比较显著的。

2. 水泥混凝土路面的主要缺点

①水泥和水的需要量大。若在水泥混凝土路面施工季节突然增大水泥用量，国内多数地区会出现水泥供应不足的现象。缺水地区实现水泥混凝土路面大面积铺筑则更加困难。
②同等平整度舒适性较低。水泥混凝土路面有许多接缝，接缝是影响混凝土路面使用性能和寿命的重要因素。

（二）水泥混凝土路面的构造

水泥混凝土路面由混凝土面层、基层、垫层、路肩结构和排水设施等组成。水泥混凝土路面以刚度大的水泥混凝土板作为面层，因而可采用较沥青路面简单的结构层。

1. 横断面形式

在一定的轮载作用下，板中所产生的荷载应力约为板边产生的荷载应力的2/3。因此，面层板的横断面应采用中间薄两边厚的形式，通常其边部厚度较中部约大25%，从路面最外两侧板的边部，在 0.6～1.0 m 宽度范围内逐渐加厚。

2. 接缝构造

昼夜温差会使板的周边和角隅翘起。这些变形会受到板与基础之间的摩阻力和黏结力,以及板的自重车轮荷载等的约束,致使板内产生过大的应力,造成板的断裂或拱胀等破坏。

为避免这些缺陷,普通混凝土、钢筋混凝土等需要设置接缝。按接缝与行车方向之间的关系,可把接缝分为纵缝与横缝两大类。

(1) 纵向接缝

根据施工的具体情况,设置纵向接缝。一次铺筑宽度小于路面宽度时,应设置纵向施工缝。纵向施工缝采用平缝形式,上部应锯切槽口,深度为30～40 mm,宽度为3～8 mm,槽内灌塞填缝料。

一次铺筑宽度大于4.5 m时,应设置纵向缩缝。纵向缩缝采用假缝形式,宽度为3～8 mm,锯切的槽口深度视基层材料而异。采用粒料基层时,槽口深度应为板厚的1/3;采用半刚性基层时,槽口深度应为板厚的2/5。

(2) 横向接缝

横向接缝包括缩缝、胀缝和施工缝。横向缩缝可等间距或变间距布置,采用假缝形式。特重和重交通公路、收费广场以及邻近胀缝或自由端部的3条缩缝,应采用设传力杆假缝形式,其他情况可采用不设传力杆假缝形式。

横向缩缝顶部应锯切槽口,深度为面层厚度的1/5～1/4,宽度为3～8 mm,槽内填塞填缝料。高速公路的横向缩缝槽口宜增设深20 mm、宽6～10 mm的浅槽口。

胀缝宽20 mm,缝内设置填缝板和可滑动的传力杆。

设在缩缝处的施工缝,应采用加传力杆的平缝形式;遇有困难需设在缩缝之间时,施工缝采用设拉杆的企口缝形式。

3. 配筋布置

混凝土面层自由边缘下基础薄弱或接缝为未设传力杆的平缝时,可在面层边缘的下部配置边缘钢筋。边缘钢筋通常选用2根直径为12～16 mm的螺纹钢筋,置于面层地面之上1/4厚度处并不小于50 mm,间距为100 mm,钢筋两端向上弯起。

二、水泥混凝土路面施工准备

（一）施工组织

根据规模的大小和施工的期限，在统一的领导机构下，设置计划统计、测量放样、机械材料、现场试验、质量检查、安全管理、现场施工、后勤供应等小组，分工合作，协调管理。

根据设计和招投标文件，编制分期施工组织计划，合理组织劳动力和机械设备。

（二）施工现场布置

1. 混凝土的拌和方式

混凝土的拌和方式有集中拌和与分段拌和两种。现场有足够的水源、电源，且材料充足时，宜采用集中拌和；当路段较长，缺少适当的场地和运输机械时，宜采用分段拌和。一般汽车运送混凝土时，两端供应距离以 2～5 km 为宜；人工运送混凝土时，供应距离不能超过 1000 m。

2. 拌和地点

应选在运距经济合理，水源充足且方便，便于堆料，排水条件良好，机械搬运方便的地方。为提高工效，材料可沿路堆放，随工程进展移动，随拌随铺。

3. 材料估算与堆放

施工前，根据所需材料（水泥、砂、石子）进行估算，制订出分期供应计划，随用随调。材料堆放应碎石靠前，砂堆靠后；水泥应储藏在附近仓库，并做好防雨、防潮措施。

4. 工具准备

施工前，应备齐专用和一般机具，如振捣器、平整机、拍板、切缝机、振动夯压板，以及磅秤、捣钎、洒水机、扫帚等机具，并对主要机具进行检修、校验，且准备富余设备，以备紧急使用。

（三）测量放样

①据设计文件，测放出路中心线、路边线、曲线主点、变坡点及伸缩缝、胀缝的位置，并加以固定。

②引测临时水准点于路旁固定点上，供施工时使用。

③对测量放样的数据和资料应经常检查、复核。

(四)土基和基层的检查与整修

对路面施工前的土基和基层应检查其含水量和密实度、基层的几何尺寸、路拱、平整度等,不符合要求时,应予以修复。对旧路面上的坑洞、松散区域以及路拱、宽度不符合要求之处,应翻修调整压实。当不设基层时,可设置厚度为 6～10 cm 的整平层。

第三节 沥青路面施工技术

沥青路面是指在矿质材料中掺入路用沥青材料铺筑的各种类型的路面。这种路面的稳定性高,利于行车,因而获得越来越广泛的应用。

一、沥青路面概述

(一)沥青路面的特点

沥青路面一般采用黏结力强的沥青材料做结合料,由于成型后的路面为黑色,故也称为黑色路面。

沥青路面已广泛地应用到各个城市的道路中,由于沥青材料的结构特性,沥青路面具备了很多优越于水泥混凝土路面的特性:

①路的表层平整光滑、少尘土,车辆行驶无颠簸。
②路面的耐磨性好,减振效果好,噪声低,行车十分舒适。
③施工方便,周期短暂,易于养护,交通管制时间短,维修和再次利用十分便捷。

沥青路面的缺点:容易被履带车辆和坚硬物体所破坏;表面容易被磨光而影响安全;温度稳定性差,夏天易软,冬天易脆并产生裂缝。此外,铺筑沥青路面受气候和施工季节的限制。雨天不宜铺筑各种沥青面层,冰冻地区在气温较低时铺筑沥青面层难以保证质量。

(二)沥青路面的基层要求

为了保证沥青路面的各项技术要求,沥青路面的基层具有非常严格的要求。

①基层的强度和稳定性要达到一定的标准,要能够承受车载压力的负荷。基层的抗弯压能力较弱,车辆在路面进行反复运载时,会产生变形,变形程度不能超过允许的残余变形。在此基础之上,基层材料和基层结构都要达到强度要求才可以进行修筑。

②沥青路面，特别是表面处治和贯入式路面在使用过程中，水分可以透过沥青面层积聚在基层中，导致材料中的水分大大增加，稳定性和强度减弱，因此必须注意基层的水稳定性，选择使用水稳定性较好的材料修筑。

③沥青路面的平整性好是因为路面的材料厚度均匀一致，所以修筑基层时要保证路拱度与路面的平衡一致。

④沥青路面的面层和基层之间的黏结作用要能够充分发挥出来，防止在水平作用下路面底部会产生拉力和应力使路面发生滑动、推移等具有破坏性的现象。

⑤若是在旧的沥青路面上再次利用时，要先确认旧的路面能够满足相应施工工艺的质量要求，才可以对其进行利用。然后根据原有的旧路层质量对其进行合理的修整。旧沥青路面的整平应按高程控制铺筑，分层整平的一层最大厚度不宜超过 100 cm。

二、沥青路面施工工艺

（一）沥青表面处治路面的施工

沥青表面处治路面的施工方法有两种：一种是层铺法，适用于施工路段较长，交通负荷较重且气温比较适宜的条件下的施工；另一种是拌和法，适用于缺少运输设备，交通压力较小或气温较高的条件下的施工。

1.沥青表面处治路面施工的准备工作

（1）基层准备

基层准备是指对基层表面的洁净度以及平整度进行检查，确定基层表面没有杂质，强度以及其他各项都符合基层的标准要求。

（2）沥青准备

沥青准备包括对施工所用沥青质量的检查，对熬制沥青所需工程器械和设备还有熬制过程中出现事故所需安全卫生医疗设施的检查。

（3）矿料准备

①按照施工要求准备足够的矿料，矿料的放置不能混同，应分开。

②在矿料到达场地后需对矿料的质量和规格进行确认，防止不符合要求的材料混入其中。发现不符合要求的矿料时应经过筛分试验确定处理办法。

（4）施工设备准备

施工设备准备主要是指沥青洒布机、矿料撒铺机以及压路机的准备。注意检查设备的动力系统以及工作性能是否符合要求。

2. 施工方法

（1）层铺法

使用层铺法进行沥青表面处治路面施工时，因其使用沥青洒布机，工作效率很高，工程的进度很快，对大面积施工的影响很大，可以很明显地降低劳动强度，因而使用较为普遍。但是层铺法施工的缺点是进行施工时的初期路面尚未成型，基层上的矿料易于飞散，后期还会出现泛油损害。

利用层铺法进行沥青表面处治路面施工时有两种处理方法：一种是先油后料，一般都采用此法；另外一种是先料后油，使用较少，一般只有在路肩宽度不够，矿料不能完全堆放或者环境温度较低，影响路面成型速度时才会采用此法。沥青表面处治结构层按沥青和矿料的撒铺层数分为单层式、双层式、三层式，本节主要介绍先油后料的施工方法，以双层式沥青表面处治为例。

双层式，即浇洒二次沥青，撒铺二次矿料，厚度控制在 1.5～2.5 cm。适用于交通量为 300～l000 辆/d 的路面，使用年限为 6～10 年。施工工序：安装路缘石（砖）→清扫基层和放样→浇洒透层沥青或黏层沥青→浇洒第一次主层沥青→撒铺第一次矿料→碾压→浇洒第二次沥青→撒铺第二次矿料→碾压→交通控制→初期养护。

单层式和三层式与双层式的区别就是铺洒沥青的层数和碾压的次数不同。

（2）拌和法

拌和法施工的优点是施工的质量较高，路面成型周期比层铺法用时短；缺点则是人工进行拌和时，工作效率低下，劳动强度高，进展缓慢，容易受到天气影响。

拌和法按拌和温度可分为冷拌法和热拌法，按拌和地点可分为路拌法和场拌法。

路拌法施工流程如下：

筛备矿料→施工放样→安装路缘石→清扫基层→沿路分堆布料→人工干拌→级配矿料→掺入沥青→拌匀摊铺、整形碾压→初期养护。

场拌法施工流程如下：

熬油→定量配料→机械或者人工集中场拌→运料→卸料→摊铺、整形碾压→初期养护。

3.施工工艺

（1）浇洒沥青和撒铺集料

当基层准备完毕后，进行沥青的浇洒和集料的撒铺。

①不管是什么类型的沥青，浇洒时都要求在一定温度范围内进行，例如石油沥青的浇洒温度需控制在130～170℃，浇洒煤沥青时温度稍低一些，保持在80～120℃。

②浇洒沥青和撒铺集料时要控制两者的速度，保证沥青的浇洒能力与集料的撒铺能力一致。

③浇洒沥青的过程中若是出现空缺现象，需要立刻进行人工补救，若是出现沥青堆聚现象应立即进行铺平扫除。

④施工过程中若出现分幅浇洒时，需要进行搭接，宽度控制在10～15 cm，浇洒第二、第三层沥青的搭接缝应错开。

⑤主层沥青浇洒后紧接着进行第一层集料的足量撒铺，二者一前一后，要保持沥青的浇洒能力与集料的撒铺能力相当，集料要注意平均撒铺，不要出现过多或过少的情况。

（2）碾压

第一层集料撒铺之后随即使用6～8 t钢筒式压路机进行碾压，碾压时要求从路两侧边缘向中心行进，轮迹要重合30 cm左右的宽度，用低于2 km/h的时速碾压3～4遍。

第二、第三层的施工方法和要求与第一层基本相同，但压路机的吨数可以更高，如可采用8～10 t的压路机进行碾压。

（3）养护

除乳化沥青表面处治路面要等路面基本成型才可以开放交通之外，其他沥青表面处治路面均可在碾压结束后立刻开放交通，但是初期行驶的车辆速度应限制在20 km/h以下，使路面全面均匀碾压。如果局部出现泛油现象时，可在泛油处补撒与最后一层撒布集料相同的缝料，并将多余的缝料清除出去。

对于采用层铺法施工的沥青表面处治路面，在施工后，还应在路侧另备5～10 mm碎石或3～5 mm石屑等材料作为初期养护用料。

（二）沥青贯入式路面的施工

沥青贯入式路面具有较高的强度和稳定性，其强度的构成主要依靠矿料的嵌挤作用和沥青材料的黏结力。沥青贯入式路面适用于二级及二级以下的公路、城市道路的次干道及支路。沥青贯入式面层也可作为沥青混凝土路面的联结层。

由于沥青贯入式路面是一种多孔隙结构，为了防止水的浸入和增强路面的水稳定性，其面层的最上层必须加铺封层。沥青贯入式路面宜在干燥和较热的季节施工，并宜在雨季及日最高温度低于 15 ℃到来以前半个月结束，这样可使贯入式结构层通过开放交通碾压成型。

沥青贯入式路面在初步碾压的矿料层上洒布沥青，再分层撒铺嵌缝料、洒布沥青和碾压，并借行车压实而成，其厚度一般为 4～8 cm。乳化沥青贯入式路面的厚度不宜超过 5 cm，当贯入式面层上部加铺拌和的沥青混合料面层时，路面总厚度为 7～10 cm，其中拌和层的厚度宜为 3～4 cm。

沥青贯入式路面所用的集料应选择有棱角、嵌挤性好的坚硬石料，主层集料最大粒径宜与贯入式厚度相同。当采用乳化沥青时，主层集料最大粒径宜为厚度的 0.8～0.85 倍，数量宜按压实系数 1.25～1.30 计算。

施工工艺流程：整修和清扫基层→浇洒透层或黏层沥青→撒铺主层矿料→第一次碾压→浇洒第一次沥青→撒铺第一次嵌缝料→第二次碾压→浇洒第二次沥青→撒铺第二次嵌缝料→第三次碾压→浇洒第三次沥青→撒铺封面矿料→最后碾压→初期养护。

沥青贯入式路面的施工要求与沥青表面处治路面基本相同，除注意施工各工序紧密衔接不要脱节之外，还应根据碾压机具、浇洒沥青设备和数量来安排每一作业段的长度，力求当天施工的路段当天完成。

沥青贯入式路面施工的第一步为浇洒沥青和撒铺嵌缝料，与沥青表面处治路面的施工工艺第一步大体一致。区别在于浇洒第一层沥青之后，撒铺的是第一层嵌缝料，嵌缝料均匀撒铺之后进行碾压，碾压步骤同沥青表面处治路面的碾压，养护也相同。

第三章 道路施工项目进度控制

第一节 道路施工项目进度控制概述

一、施工项目进度控制的概念内涵

施工项目进度控制是指对施工项目各阶段中的工作内容、工作顺序、持续时间及工作之间的相互搭接关系等进行计划并付诸实施，然后在计划实施过程中经常检查实际进度是否按计划进行，一旦发现有偏差出现，应在分析偏差产生原因的基础上采取有效措施排除障碍或调整、修改原进度计划后再付诸实施，如此循环，直至施工项目竣工验收、交付使用的过程。进度控制的对象是施工，进度控制的最终目的是确保项目进度的实现。

二、施工项目进度控制的主体

施工项目进度控制的主体是以项目管理者身份参与工程建设活动的业主单位、设计单位、施工承包单位、建设监理单位，上述各方均需要从各自不同的角度参与施工项目进度控制的组织与实施工作。

三、施工项目进度控制的任务

①业主方进度控制的任务是控制整个项目实施阶段的进度，包括控制设计准备阶段的工作进度、设计工作进度、施工进度、物资采购工作进度，以及项目动用前准备阶段的工作进度。

②设计方进度控制的任务是依据设计任务委托合同对设计工作进度的要求控制设计工作进度，这是设计方要履行的合同义务。另外，设计方应尽可能使

设计工作的进度与招标、施工和物资采购等工作进度相协调。

在国际上,设计进度计划主要是指各设计阶段的设计图纸(包括有关的说明)的出图计划,在出图计划中标明每张图纸的出图日期。

③施工方进度控制的任务是依据施工任务委托合同对施工进度的要求控制施工进度,这是施工方要履行的合同义务,在进度计划编制方面,施工方应视项目的特点和施工进度控制的需要,编制不同深度的控制性、指导性和实施性施工进度计划,以及编制不同计划周期(年度、季度、月度和旬)的施工计划等。

④供货方进度控制的任务是依据供货合同对供货的要求控制供货进度,这是供货方要履行的合同义务。供货进度计划应包括供货的所有环节,如采购、加工制造、运输等。

四、施工项目进度控制的总目标

施工项目进度控制是施工项目建设管理中与质量控制、投资控制并列的三大目标之一。它们之间有着相互依赖和相互制约的关系。进度加快,需要增加投资,但工程一旦能提前使用就可以提高投资效益。进度加快可能影响工程质量,而对质量控制严格,则又有可能影响进度,但若因质量的严格控制而不致返工,又会加快进度。

施工项目进度控制的总目标是确保项目既定目标工期的实现,或者在保证施工质量和不因此而增加施工实际成本的条件下,适当缩短施工工期。

第二节 道路施工项目进度控制策略

一、施工项目进度控制原理

施工项目进度控制以现代科学管理原理作为其理论基础。施工项目进度控制原理主要包括系统原理、动态控制原理、信息反馈原理、弹性原理和封闭循环原理等。

(一)系统原理

系统原理就是用系统的概念来剖析和管理施工项目进度控制活动。进行施工项目进度控制应建立施工项目进度计划系统和施工项目进度组织系统。

1.施工项目进度计划系统

施工项目进度计划系统是施工项目进度实施和控制的依据。施工项目进度计划包括施工项目总进度计划、单位工程进度计划、分部分项工程进度计划、材料计划、劳动力计划、季度和月（旬）作业计划等。这些计划形成了一个进度控制目标按工程系统构成、施工阶段和部位等逐层分解、编制对象从大到小、范围由总体到局部、层次由高到低、内容由粗到细的完整的计划系统。计划的执行则由下而上，从月（旬）作业计划、分项分部工程进度计划开始，逐级按进度目标控制，最终完成施工项目总进度计划。

2.施工项目进度组织系统

施工项目进度组织系统是实现施工项目进度计划的组织保证。施工项目的各级负责人，从项目经理、各子项目负责人到计划人员、调度人员、作业队长、班组长以及有关人员，共同组成了施工项目进度组织系统。这个组织系统既要严格执行进度计划要求、落实和完成各自的职责和任务，又要随时检查、分析计划的执行情况，在发现实际进度与计划进度发生偏离时，能及时采取有效措施进行调整、解决。也就是说，施工项目进度组织系统既是施工项目进度的实施组织系统，又是施工项目进度的控制组织系统；既要承担计划实施赋予的生产管理和施工任务，又要承担进度控制任务，对进度控制负责。这样才能保证总进度目标的实现。

（二）动态控制原理

施工项目进度目标的实现过程是一个随着项目的施工进展以及相关因素的变化不断进行调整的动态控制过程。施工项目按计划实施，但面对不断变化的客观实际，施工活动的轨迹往往会产生偏差。当出现实际进度超前或落后计划进度时，控制系统就要做出应有的反应：分析偏差产生的原因，采取相应的措施，调整原来计划，使施工活动在新的起点上按调整后的计划继续运行；当新的干扰影响施工进度时，新一轮调整、纠偏又开始了。施工项目进度控制活动就这样循环往复进行，直至预期计划目标实现。

（三）信息反馈原理

反馈是控制系统把信息输送出去，又把其作用结果返送回来，并对信息的再输出施加影响。

施工项目进度控制的过程实质上就是对有关施工活动和进度的信息不断搜集、加工、汇总、反馈的过程。施工项目信息管理中心要对搜集的施工进度和相关影响因素的资料进行加工分析，由领导做出决策后，向下发出指令，指导施工或对原计划做出新的调整、部署；基层作业组织根据计划和指令安排施工活动，并将实际进度和遇到的问题随时上报。由于每天都有大量的内外部信息、纵横向信息流进流出，因而必须建立健全一个关于施工项目进度控制的信息网络，使信息传递准确、及时、畅通，反馈灵敏、有力，只有这样才能确保施工项目的顺利实施和如期完成。

（四）弹性原理

施工项目进度控制中应用弹性原理，首先表现在编制施工项目进度计划时，要考虑影响进度的各类因素出现的可能性及其变化的影响程度，进度计划必须保持充分弹性，要有预见性；其次是施工项目进度控制应具有应变能力，当遇到干扰，工期拖延时，要能够利用进度计划的弹性，或缩短有关工作的时间，或改变工作之间的逻辑关系，或增减施工内容、工程量，或改进施工工艺、方案等有效措施，对施工项目进度计划做出及时调整，缩短剩余计划工期，最后达到预期的计划目标。

（五）封闭循环原理

施工项目进度控制是从编制项目施工进度计划开始的，由于影响因素的复杂和不确定性，在计划实施的全过程中，需要连续跟踪检查，不断地将实际进度与计划进度进行比较，如果运行正常可继续执行原计划；如果发生偏差，应在分析其产生的原因后，采取相应的解决措施和办法，对原进度计划进行调整和修订，然后再进入一个新的计划执行过程。这个由计划、实施、检查、比较、分析、纠偏等环节组成的过程就形成了一个封闭循环回路。而施工项目进度控制的全过程就是在许多这样的封闭循环回路中不断得到有效的调整、修正与纠偏，最终实现总目标的。

二、施工项目进度控制的措施

施工项目进度控制的措施主要有管理信息措施、组织措施、技术措施、合同措施和经济措施等。

（一）管理信息措施

①建立对施工进度能有效控制的监测、分析、调整、反馈信息系统和信息管理工作制度。

②随时监控施工过程的信息流，实现连续、动态的全过程进度目标控制。

（二）组织措施

①建立施工项目进度实施和控制的组织系统。

②订立进度控制工作制度，如检查时间、方法，召开协调会议时间，参与人员等。

③落实各层次进度控制人员、具体任务和工作职责。

④确定施工项目进度目标，建立施工项目进度控制目标体系。

⑤组织开展劳动竞赛，建立激励机制，对完成或超额完成生产任务的班组实行表扬和奖励，以充分调动其生产积极性。

（三）技术措施

①尽可能采用先进施工技术、方法和新材料、新工艺、新技术，保证进度目标的实现。

②落实施工方案，在发生问题时，能适时调整工作之间的逻辑关系，加快施工进度。

（四）合同措施

①以合同形式保证工期进度的实现，即：a.工程招投标时，合同中要求工期的确定应科学合理，并允许投标工期在平衡投标报价中发挥作用；b.工程进度款既是对施工单位履约程度的量化，又是推进项目运转的动力，工程进度控制要牢牢把握这一关键，并在合同约定支付方式中加以体现，以确保阶段性进度目标的顺利实现；c.合同约定中应明确合同工期顺延的申报条件和许可条件。

②要保持总进度控制目标与合同总工期相一致，分包合同的工期与总包合同的工期相一致。

③供货、供电、运输、构件加工等合同规定的提供服务时间要与有关的进度控制目标相一致。

（五）经济措施

①落实实现进度目标的保证资金。

②签订并实施关于工期和进度的经济承包责任制。

③建立并实施关于工期和进度的奖惩制度。

三、施工项目进度控制目标体系

施工项目进度控制总目标是依据施工项目总进度计划确定的。

施工项目进度控制总目标是从总的方面对项目建设提出的工期要求。但在施工活动中，施工单位往往是通过对最基础的分部分项工程的施工进度控制来保证各单项（位）工程或阶段工程进度控制目标的完成，进而实现施工项目进度控制总目标的。因而需要将施工项目进度控制总目标进行一系列的从总体到细部、从高层次到基础层次的层层分解，一直分解到在施工现场可以直接调度控制的分部分项工程或作业过程的施工为止。在分解中，每一层次的进度控制目标都限定了下一级层次的进度控制目标，而较低层次的进度控制目标又是较高一级层次进度控制目标得以实现的保证，于是就形成了一个自上而下层层约束、由下而上级级保证、上下一致的多层次的进度控制目标体系，如可以按单位工程或分包单位分解为交工分目标，按承包的专业或按施工阶段分解为完工分目标，按年、季、月计划期分解为时间分目标。

第四章 道路施工项目成本管理

第一节 道路施工项目成本管理概述

一、施工成本的定义

施工成本是指在道路施工项目的施工过程中所发生的全部生产费用的总和,包括所消耗的原材料、辅助材料、构配件等费用,周转材料的摊销费或租赁费,施工机械的使用费或租赁费,支付给生产工人的工资、奖金、工资性质的津贴,以及进行施工组织与管理所发生的全部费用支出等。道路施工项目施工成本由直接成本和间接成本所组成。

直接成本是指施工过程中耗费的构成工程实体或有助于工程实体形成的各项费用支出,是可以直接计入工程对象的费用,包括人工费、材料费和施工机具使用费等。

间接成本是指准备施工、组织和管理施工生产的全部费用支出,是非直接用于也无法直接计入工程对象,但为进行工程施工所必须发生的费用,包括管理人员工资、办公费、差旅交通费等。

二、成本目标与计划成本目标

道路施工项目施工成本管理应从工程投标报价开始,直至项目保证金返还为止,贯穿于项目实施的全过程。成本作为项目管理的一个关键性目标,包括责任成本目标和计划成本目标,它们的性质和作用不同。前者反映公司对施工成本目标的要求,后者是前者的具体化。

根据成本运行规律,成本管理责任体系应包括公司层和项目经理部。公司层的成本管理除生产成本以外,还包括经营管理费用;项目经理部应对生产成本进行管理。公司层贯穿于项目投标、实施和结算过程,体现效益中心的管理职能;项目经理部则着眼于执行公司确定的施工成本管理目标,发挥现场生产成本控制中心的管理职能。

三、施工成本管理的任务和环节

施工成本管理就是要在保证工期和质量满足要求的情况下,采取相应管理措施,包括组织措施、经济措施、技术措施和合同措施,把成本控制在计划范围内,并进一步寻求最大限度的成本节约。施工成本管理的任务和环节主要包括:

①施工成本预测;
②施工成本计划;
③施工成本控制;
④施工成本核算;
⑤施工成本分析;
⑥施工成本考核。

道路施工项目成本管理是一个有机联系与相互制约的系统过程,承包企业应按照其形成的特点和规律,建立文件化的道路施工项目成本管理流程,规范和指导道路施工项目成本管理的实施。在道路施工项目成本管理流程中,每个环节都是相互联系和相互作用的。

成本预测是成本决策的前提,成本计划是成本决策所确定目标的具体化。成本计划控制则是对成本计划的实施进行控制和监督,以保证决策的成本目标的实现,而成本核算又是对成本计划是否实现的最后检验,它所提供的成本信息又将为下一个道路施工项目成本预测和决策提供基础资料。成本考核是实现成本目标责任制的保证和实现决策目标的重要手段。

(一)施工成本预测

施工成本预测是在施工项目施工前对成本进行的估算,是施工项目成本决策与计划的依据。施工成本预测,通常是对施工项目计划工期内影响其成本变化的各个因素进行分析,比照近期已完工施工项目或将完工施工项目的成本(单位成本),预测这些因素对工程成本中有关项目(成本项目)的影响程度,预测出工程的单位成本或总成本。施工企业通过成本预测，可以在满足项目业主和本企业要求的前提下，选择成本低、效益好的最佳成本方案，并能够在施工项目成本形成过程中，针对薄弱环节，加强成本控制，克服盲目性，提高预见性。

道路施工项目主要包含的施工成本预测内容有工、料、机费用的预测，施工方案引起费用变化的预测，辅助工程费的预测，大型临时设施费的预测，小型临时设施费、工地转移费的预测，以及成本失控的风险预测等。

（二）施工成本计划

施工成本计划是以货币形式编制施工项目在计划期内的生产费用、成本水平、成本降低率以及为降低成本所采取的主要措施和规划的书面方案。它是建立施工项目成本管理责任制、开展成本控制和核算的基础，是项目降低成本的指导文件，是设立目标成本的依据。

（三）施工成本控制

施工成本控制是在施工过程中，对影响施工成本的各种因素加强管理，并采取各种有效措施，将施工中实际发生的各种消耗和支出严格控制在成本计划范围内；通过动态监控并及时反馈，严格审查各项费用是否符合标准，计算实际成本和计划成本之间的差异并进行分析，进而采取多种措施，减少或消除施工中的损失浪费。

道路施工项目施工成本控制应贯穿于项目从投标阶段开始直至保证金返还的全过程，它是企业全面成本管理的重要环节。施工成本控制可分为事先控制、事中控制（过程控制）和事后控制。在项目的施工过程中，需按动态控制原理对实际施工成本的发生过程进行有效控制。

（四）施工成本核算

施工成本核算包括两个基本环节：一是按照规定的成本开支范围对施工费用进行归集和分配，计算出施工费用的实际发生额；二是根据成本核算对象，采用适当的方法，计算出该施工项目的总成本和单位成本。施工成本管理需要正确及时地核算施工过程中发生的各项费用，计算施工项目的实际成本。施工项目成本核算所提供的各种成本信息，是成本预测、成本计划、成本控制、成本分析和成本考核等各个环节的依据。

施工成本核算一般以单位工程为对象，也可以按照承包施工项目的规模、工期、结构类型、施工组织和施工现场等情况，结合成本管理要求，灵活划分成本核算对象。

（五）施工成本分析

施工成本分析是在施工成本核算的基础上，对成本的形成过程和影响成本升降的因素进行分析，以寻求进一步降低成本的途径，包括有利偏差的挖掘和不利偏差的纠正。施工成本分析贯穿于施工成本管理的全过程，它是在成本的形成过程中，主要利用施工项目的成本核算资料（成本信息），与目标成本、预算成本以及类似的施工项目的实际成本等进行比较，了解成本的变动情况；同时也要分析主要技术经济指标对成本的影响，系统地研究成本变动的因素，检查成本计划的合理性，并通过成本分析，深入研究成本变动的规律，寻找降低施工项目成本的途径，以便有效地进行成本控制。成本偏差的控制，分析是关键，纠偏是核心。要针对分析得出的偏差产生的原因，采取切实措施，加以纠正。

（六）施工成本考核

施工成本考核是指在施工项目完成后，对施工项目成本形成中的各责任者，按施工项目成本目标责任制的有关规定，将成本的实际指标与计划、定额、预算进行对比和考核，评定施工项目成本计划的完成情况和各责任者的业绩，并以此给予相应的奖励和处罚。这样才能有效地调动每一位员工在各自施工岗位上努力完成目标成本的积极性，从而降低施工项目成本，提高企业的效益。

施工成本考核是衡量成本降低的实际成果，也是对成本指标完成情况的总结和评价。成本考核制度包括考核的目的、时间、范围、对象、方式、依据、指标、组织领导、评价与奖惩原则等内容。

施工成本考核应以施工成本降低额和施工成本降低率作为其主要指标，要加强公司层对项目经理部的指导，并充分依靠技术人员、管理人员和作业人员的经验和智慧，防止项目管理在企业内部异化为靠少数人承担风险的以包代管模式。施工成本考核也可分别考核公司层和项目经理部。

公司层对项目经理部进行考核与奖惩时，既要防止虚盈实亏，也要避免实际成本归集差错等的影响，使施工成本考核真正做到公平、公正、公开，在此基础上落实施工成本管理责任制的奖惩或激励措施。

四、施工成本管理的措施

（一）施工成本管理的基础工作

施工成本管理的基础工作是多方面的，成本管理责任体系的建立是其中最根本、最重要的基础工作，涉及成本管理的一系列组织制度、工作程序、业务标准和责任制度的建立。除此之外，应从以下各方面为施工成本管理创造良好的基础条件：

①统一组织内部施工项目成本计划的内容和格式。其内容应能反映施工成本的划分、各成本项目的编码及名称、计量单位、单位工程量计划成本及合计金额等。这些成本计划的内容和格式应由各个企业按照自己的管理习惯和需要进行设计。

②建立企业内部施工定额并保持其适应性、有效性和相对的先进性，为施工成本计划的编制提供支持。

③建立生产资料市场价格信息的收集网络和必要的派出询价网点，做好市场行情预测，保证采购价格信息的及时性和准确性。同时，建立企业的分包商、供应商评审注册名录，发展稳定、良好的供方关系，为编制施工成本计划与采购工作提供支持。

④建立已完项目的成本报告报表等资料的归集、整理、保管和使用管理制度。

⑤科学设计施工成本核算账册体系、业务台账、成本报告报表，为施工成本管理的业务操作提供统一的范式。

（二）施工成本管理的措施

为了取得施工成本管理的理想成效，应当从多方面采取措施实施管理，通常可以将这些措施归纳为组织措施、技术措施、经济措施和合同措施。

1. 组织措施

组织措施是从施工成本管理的组织方面采取的措施。施工成本控制是全员的活动，如实行项目经理责任制，落实施工成本管理的组织机构和人员，明确各级施工成本管理人员的任务和职能分工、权力和责任。施工成本管理不仅是专业成本管理人员的工作，各级项目管理人员都负有成本控制责任。

组织措施的另一方面是编制施工成本控制工作计划、确定合理详细的工作流程。想要做好施工采购计划，就要通过生产要素的优化配置、合理使用、动态管理，有效控制实际成本；加强施工定额管理和施工任务单管理，控制活劳动和物化劳动的消耗；加强施工调度，避免因施工计划不周和盲目调度造成窝工损失、机械利用率降低、物料积压等现象。成本控制工作只有建立在科学管理的基础之上，具备合理的管理体制、完善的规章制度、稳定的作业秩序、完整准确的信息传递，才能取得成效。组织措施是其他各类措施的前提和保障，而且一般不需要增加额外的费用，运用得当可以取得良好的效果。

2. 技术措施

施工过程中降低成本的技术措施，包括：进行技术经济分析，确定最佳的施工方案；结合施工方法，进行材料使用的比选，在满足功能要求的前提下，通过代用、改变配合比、使用外加剂等方法降低材料消耗的费用；确定最合适的施工机械、设备使用方案；结合项目的施工组织设计及自然地理条件，降低材料的库存成本和运输成本；应用先进的施工技术，运用新材料，使用先进的机械设备；等等。在实践中，也要避免仅从技术角度选定方案而忽视对其经济效果的分析论证。

技术措施不仅对解决施工成本管理过程中的技术问题是不可缺少的，而且对纠正施工成本管理目标偏差也有相当重要的作用。因此，运用技术纠偏措施的关键：一是要能提出多个不同的技术方案；二是要对不同的技术方案进行技术经济分析比较，以选择最佳方案。

3. 经济措施

经济措施是最易为人们所接受和采用的措施。管理人员应编制资金使用计划，确定、分解施工成本管理目标。对施工成本管理目标进行风险分析，并制定防范性对策。对各种支出，应认真做好资金的使用计划，并在施工中严格控制各项开支。及时准确地记录、收集、整理、核算实际支出的费用。对各种变更，及时做好增减账，及时落实业主签证，及时结算工程款。通过偏差分析和未完工工程预测，可发现一些潜在的可能引起未完工程施工成本增加的问题，对这些问题应以主动控制为出发点，及时采取预防措施。因此，经济措施的运用绝不仅仅是财务人员的事情。

4. 合同措施

采用合同措施控制施工成本，应贯穿整个合同周期，包括从合同谈判开始到合同终结的全过程。对于分包项目，首先是选用合适的合同结构，对各种合同结构模式进行分析、比较，在合同谈判时，要争取选用适合于工程规模、性质和特点的合同结构模式。其次，在合同的条款中应仔细考虑一切影响成本和效益的因素，特别是潜在的风险因素，通过对引起成本变动的风险因素的识别和分析，采取必要的风险对策，如通过合理的方式，增加承担风险的个体数量，降低损失发生的比例，并最终将这些策略体现在合同的具体条款中。在合同执行期间，合同管理的措施：既要密切注视对方合同执行的情况，以寻求合同索赔的机会；同时也要密切关注自己履行合同的情况，以防被对方索赔。

第二节　道路施工项目成本计划

一、施工成本计划的类型

对于施工项目而言，其成本计划的编制是一个不断深化的过程，按照其发挥的作用可以分为以下三类。

①竞争性成本计划。竞争性成本计划是施工项目投标及签订合同阶段的估算成本计划。这类成本计划以招标文件中的合同条件、投标者须知、技术规范、设计图纸和工程量清单为依据，以有关价格条件说明为基础，结合调研、现场踏勘、答疑等情况，根据施工企业自身的工料消耗标准、水平、价格资料和费用指标等，对本企业完成投标工作所需要支出的全部费用进行估算。在投标报价过程中，该计划虽也着力考虑降低成本的途径和措施，但总体上比较粗略。

②指导性成本计划。指导性成本计划是选派项目经理阶段的预算成本计划，是项目经理的责任成本目标。

它是以合同价为依据，按照企业的预算定额标准编制的设计预算成本计划，且一般情况下确定的是责任总成本目标。

③实施性成本计划。实施性成本计划是项目施工准备阶段的施工预算成本计划，它是以项目实施方案为依据，以落实项目经理责任目标为出发点，采用企业的施工定额通过施工预算的编制而形成的实施性施工成本计划。

以上三类成本计划相互衔接、不断深化，构成了整个工程项目施工成本的计划过程。

其中，竞争性成本计划带有成本战略的性质，是施工项目投标阶段商务标书的基础，而有竞争力的商务标书又是以其先进合理的技术标书为支撑的。因此，它奠定了施工成本的基本框架和水平。指导性成本计划和实施性成本计划，都是战略性成本计划的进一步开展和深化，是对战略性成本计划的战术安排。

二、施工预算

施工预算是编制实施性成本计划的主要依据，是施工单位为了加强企业内部的经济核算，在施工图预算的控制下，依据企业内部的施工定额，以建筑安装单位工程为对象，根据施工图纸、施工定额、施工及验收规范、标准图集、施工组织设计（或施工方案）编制的单位工程（或分部分项工程）施工所需的人工、材料和施工机械台班用量的技术经济文件。它是施工企业的内部文件，同时也是施工企业进行劳动调配、物资技术供应、控制成本开支、进行成本分析和班组经济核算的依据。施工预算不仅规定了单位工程（或分部分项工程）所需人工、材料和施工机械台班用量，还规定了工种的类型，工程材料的规格、品种，所需各种机械的规格，以便有计划、有步骤地合理组织施工，从而达到节约人力、物力和财力的目的。

施工预算不同于施工图预算，虽然有一定联系，但区别较大。

①编制的依据不同。施工预算的编制以施工定额为主要依据，施工图预算的编制以预算定额为主要依据。而施工定额比预算定额划分得更详细、更具体，并对其中所包括的内容，如质量要求、施工方法，以及所需劳动工日、材料品种、规格型号等均有较详细的规定或要求。

②适用的范围不同。施工预算是施工企业内部管理用的一种文件，与发包人无直接关系；而施工图预算既适用于发包人，又适用于承包人。

③发挥的作用不同。施工预算是承包人组织生产、编制施工计划、准备现场材料、签发任务书、考核工效、进行经济核算的依据，它也是承包人改善经营管理、降低生产成本和推行内部经营承包责任制的重要手段，而施工图预算则是投标报价的主要依据。

在编制实施性计划成本时要进行施工预算和施工图预算的对比分析，通过"两算"对比，分析节约和超支的原因，以便提出解决问题的措施，防止工程亏损，为降低工程成本提供依据。"两算"对比的方法有实物对比法和金额对比法。

①实物对比法。将施工预算和施工图预算计算出的人工、材料消耗量，分别填入两算对比表进行对比分析，算出节约或超支的数量及百分比，并分析其原因。

②金额对比法。将施工预算和施工图预算计算出的人工费、材料费、机具费分别填入两算对比表进行对比分析，算出节约或超支的金额及百分比，并分析其原因。

"两算"对比的内容如下：

①人工量及人工费的对比分析。施工预算的人工数量及人工费比施工图预算一般要低6%左右。这是由于两者使用不同定额造成的。例如，砌砖墙项目中，

砂子、标准砖和砂浆的场内水平运输距离，施工定额按 50 m 考虑；而计价定额则包括了材料、半成品的超运距用工。同时，计价定额的人工消耗指标还考虑了在施工定额中未包括，而在一般正常施工条件下又不可避免发生的一些零星用工因素，如土建施工各工种之间的工序搭接所需停歇的时间；因工程质量检查和隐蔽工程验收而影响工人操作的时间；施工中不可避免的其他少数零星用工等。所以，施工定额的用工量一般都比预算定额低。

②材料消耗量及材料费的对比分析。施工定额的材料损耗率一般都低于计价定额，同时，编制施工预算时还要考虑扣除技术措施的材料节约量。所以，施工预算的材料消耗量及材料费一般低于施工图预算。

有时，由于两种定额之间的水平不一致，个别项目也会出现施工预算的材料消耗量大于施工图预算的情况。不过，总的水平应该是施工预算低于施工图预算。如果出现反常情况，则应进行分析研究，找出原因，制定相应的措施。

③施工机具费的对比分析。施工预算机具费是指施工作业所发生的施工机械、仪器仪表使用费或其租赁费。而施工图预算的施工机具是由计价定额综合确定的，与实际情况可能不一致。因此，施工机具部分只能采用两种预算的机具费进行对比分析。如果发生施工预算的机具费大量超支，而又无特殊原因时，则应考虑改变原施工方案，尽量做到不亏损而略有盈余。

④周转材料使用费的对比分析。周转材料主要是指脚手架和模板。施工预算中的脚手架是根据施工方案确定的搭设方式和材料计算的，施工图预算中的脚手架则是综合了脚手架搭设方式，按不同结构和高度，以建筑面积为基数计算的；施工预算中的模板是按混凝土与模板的接触面积计算的，而施工图预算中的模板则是按混凝土体积综合计算的。因而，周转材料宜按其发生的费用进行对比分析。

三、编制施工成本计划的方法

施工成本计划的编制以成本预测为基础，关键是确定目标成本。计划的制订，需结合施工组织设计的编制过程，通过不断地优化施工技术方案和合理配置生产要素，进行工、料、机消耗的分析，制定一系列节约成本的措施，确定施工成本计划。一般情况下，施工成本计划总额应控制在目标成本的范围内，并建立在切实可行的基础上。

施工总成本目标确定之后，还需通过编制详细的实施性施工成本计划把目标成本层层分解，落实到施工过程的每个环节，有效地进行成本控制。施工成本计划的编制方式如下：

①按施工成本构成编制施工成本计划。
②按施工项目组成编制施工成本计划。
③按施工进度编制施工成本计划。

（一）按施工成本构成编制施工成本计划的方法

施工成本可以按成本构成分解为人工费、材料费、施工机具使用费和企业管理费等，应在此基础上，编制按施工成本构成分解的施工成本计划。

（二）按施工项目组成编制施工成本计划的方法

大中型工程项目通常是由若干单项工程构成的，而每个单项工程又包括了多个单位工程，每个单位工程又是由若干个分部分项工程所构成。因此，首先要把项目总施工成本分解到单项工程和单位工程中，再进一步分解到分部工程和分项工程中。

在完成施工项目成本目标分解之后，接下来就要具体地分配成本，编制分项工程的成本支出计划，从而形成详细的成本计划表。

在编制成本支出计划时，要在项目总体层面上考虑总的预备费，也要在主要的分项工程中安排适当的不可预见费，以避免在具体编制成本计划时，可能出现个别单位工程或工程量表中某项内容的工程量计算有较大出入，偏离原来的成本预算。因此，应在项目实施过程中对其尽可能地采取一些措施。

（三）按施工进度编制施工成本计划的方法

按施工进度编制施工成本计划，通常可在控制项目进度的网络图的基础上，进一步扩充得到，即在建立网络图时，一方面确定完成各项工作所需花费的时间，另一方面确定完成这一工作合适的施工成本支出计划。在实践中，将工程项目分解为既能方便地表示时间，又能方便地表示施工成本支出计划的工作是不容易的，通常如果项目分解程度对时间控制合适的话，则对施工成本支出计划可能分解过细，以至于不可能对每项工作确定其施工成本支出计划；反之亦然。因此在编制网络计划时，应在充分考虑进度控制对项目划分要求的同时，还要考虑确定施工成本支出计划对项目划分的要求，做到两者兼顾。

通过对施工成本目标按时间进行分解，在网络计划基础上，可获得项目进度计划的横道图，并在此基础上编制成本计划。其表示方式有两种：一种是在时标网络图上用按月编制的成本计划直方图表示；另一种是用时间-成本累积曲线（S形曲线）表示。

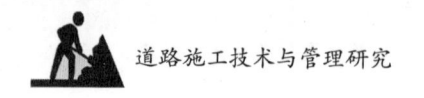

第三节　道路施工项目成本控制

一、施工成本控制及其特点

施工成本控制是在项目成本的形成过程中，对生产经营所消耗的人力资源、物资资源和费用开支进行指导、监督、检查和调整，及时纠正将要发生和已经发生的偏差，把各项生产费用，控制在计划成本的范围之内，以保证成本目标的实现。

施工成本控制具有主动性、综合性、超前性的特点。

二、施工成本控制的原则

成本控制的对象是施工项目，其主体则是人的管理活动，目的是合理使用人力、物力、财力，降低成本，增加效益。为此，成本控制的一般原则如下。

（一）开源与节流相结合的原则

降低项目成本，需要一面增加收入，一面节约支出。在成本控制中，要求做到每发生一笔金额较大的成本费用，都要查一查有无与其相对应的预算收入，是否支大于收，在经常性的分部分项工程成本核算和月度成本核算中，也要进行实际成本与预算收入的对比分析，以便从中探索成本节超的原因，纠正项目成本的不利偏差，提高项目成本的降低水平。

（二）全面控制原则

①项目成本的全员控制。项目成本涉及项目组织中各个部门、单位和班组的工作业绩，也与每个职工的切身利益有关。施工项目成本管理（控制）需要项目建设者的全员参与。

②项目成本的全过程控制。项目成本的全过程控制是指在施工项目确定以后，自施工准备开始，经过工程施工，到竣工交付使用后的保修期结束的每一项经济业务，都要纳入成本控制的轨道，既不能疏漏，又不能时紧时松，要使施工项目成本自始至终置于有效的控制之下。

（三）中间控制原则

中间控制原则，又称动态控制原则，对于具有一次性特点的施工项目成本来说，应该特别强调项目成本的中间控制。因为施工准备阶段的成本控制，只是根据上级要求和施工组织设计的具体内容确定成本目标、编制成本计划、制订成本控制的方案，为今后的成本控制做好准备。而竣工阶段的成本控制，由于成本盈亏已经基本定局，即使发生了偏差，也已来不及纠正。因此，把成本控制的重心放在主要施工阶段上，则是十分必要的。

（四）目标管理原则

目标管理是贯彻执行计划的一种方法。实行项目目标管理责任制，也就是施工项目开工时，把计划逐一加以分解，提出进一步的具体要求，并落实到执行计划的部门、单位甚至个人。目标管理的内容包括目标的设定和分解，目标的责任到位和执行，检查目标的执行结果，评价目标和修正目标，形成目标管理的 PDCA 循环，即按照计划、执行、检查、处理的顺序进行质量管理，并且循环不止地进行下去的科学程序。

（五）节约原则

节约人力、物力、财力的消耗，是提高经济效益的核心，也是成本控制的一项最主要的基本原则。

（六）例外管理原则

在施工项目建设过程的诸多活动中，有许多活动是例外的，常伴有一些不经常出现的问题，称为"例外"问题。这些"例外"问题，往往是关键性问题。它们对成本目标的顺利完成影响很大，必须予以高度重视。例如，在成本管理中常见的成本盈亏异常现象等，都应该被视为"例外"问题，对其应进行重点检查，深入分析，并采取相应的积极措施加以纠正。

（七）责、权、利相结合的原则

在项目施工过程中，项目经理、工程技术人员、业务管理人员以及各单位和生产班组都负有一定的成本控制责任及享有一定成本控制的权力，从而形成整个项目的成本控制责任网络。项目部要根据各成员在成本控制中的业绩进行定期的检查和考评，并与工资分配紧密挂钩，实行有奖有罚。实践证明，只有责、权、利相结合的成本控制，才是名实相符的项目成本控制，才能收到预期的效果。

三、施工成本控制的分类

（一）按成本控制的对象分

施工成本控制按成本控制的对象可分为人工成本控制、材料成本控制、机械成本控制和费用成本控制。

（二）按成本发生时间分

①事前施工成本控制（基础）。事前施工成本控制包含施工项目开工前项目管理规划的评审、施工项目成本制度控制及体系的建立等内容。

②事中施工成本控制（重点）。事中施工成本控制即工程成本形成全过程的控制，包括项目施工中计划成本的分析和控制、项目施工中分部和分层工程的成本控制、项目施工中与计划同步跟踪的费用控制等内容。

③事后施工成本分析。事后施工成本分析即对成本计划的执行情况进行分析，包括竣工结算、废旧材料的利用和回收、减少返修费用等内容。

四、施工成本控制的依据

施工成本控制的依据主要包括以下内容：

①工程承包合同。施工成本控制要以工程承包合同为依据，围绕降低工程成本这个目标，从预算收入和实际成本两方面，研究节约成本、增加收益的有效途径，以求获得最大的经济效益。

②施工成本计划。施工成本计划是根据施工项目的具体情况制订的施工成本控制方案，它既包括预定的具体成本控制目标，又包括实现控制目标的措施和规划，是施工成本控制的指导文件。

③进度报告。进度报告提供了对应时间节点的工程实际完成量、工程施工成本实际支付情况等重要信息。施工成本控制工作正是通过将实际情况与施工成本计划相比较，找出二者之间的差别，分析偏差产生的原因，从而采取措施改进以后的工作。此外，进度报告还有助于管理者及时发现工程实施中存在的隐患，并在可能造成重大损失之前采取有效措施，尽量避免损失。

④工程变更。在项目的实施过程中，由于各方面的原因，工程变更是很难避免的。工程变更一般包括设计变更、进度计划变更、施工条件变更、技术规范与标准变更、施工次序变更和工程量变更等。一旦出现变更，工程量、工期、成本都有可能发生变化，从而使得施工成本控制工作变得更加复杂和困难。因此，施工成本管理人员应当通过对变更要求中各类数据的计算、分析，及时掌

握变更情况，包括已发生工程量、将要发生工程量、工期是否拖延、支付情况等重要信息，判断变更以及变更可能带来的索赔额度等。

除了上述几种施工成本控制的主要依据外，有关施工组织设计、分包合同等文件资料也都是施工成本控制的依据。

五、施工成本的过程控制方法

施工阶段是成本控制的主要阶段，这个阶段的成本控制主要是通过确定成本目标并按计划成本组织施工，合理配置资源，对施工现场发生的各项成本费用进行有效控制，其具体的控制方法如下：

（一）人工费的控制

人工费的控制实行"量价分离"的方法，将作业用工及零星用工按定额工日的一定比例综合确定用工数量与单价，通过劳务合同进行控制。

1. 人工费的影响因素

①社会平均工资水平。建筑安装工人人工单价必须和社会平均工资水平趋同。社会平均工资水平取决于经济发展水平。我国改革开放以来经济迅速增长，社会平均工资也有大幅增长，从而导致人工单价的大幅提高。

②生产消费指数。生产消费指数的提高会导致人工单价的提高，以减少生活水平的下降，维持原来的生活水平。生活消费指数的变动取决于物价的变动，尤其取决于生活消费品物价的变动。

③劳动力市场供需变化。劳动力市场如果供不应求，人工单价就会提高；供过于求，人工单价就会下降。

④政府推行的社会保障和福利政策也会影响人工单价的变动。

⑤经会审的施工图、施工定额、施工组织设计等决定人工的消耗量。

2. 控制人工费的方法

加强劳动定额管理，提高工人的技术水平和劳动生产率，实行弹性管理，是控制人工费支出的主要手段。

①制定先进合理的企业内部劳动定额，严格执行劳动定额，并将安全生产、文明施工及零星用工下达到作业队进行控制。全面推行全额计件的劳动管理办法和单项工程集体承包的经济管理办法，以不超出施工图预算人工费指标为控制目标，实行工资包干制度。认真执行按劳分配的原则，使职工个人所得与劳动贡献相一致，充分调动广大职工的劳动积极性，以提高劳动效率。把工程项

目的进度、安全、质量等指标与定额管理结合起来，提高劳动者的综合能力，实行奖励制度。

②提高生产工人的技术水平和作业队的组织管理水平，根据施工进度、技术要求，合理搭配各工种工人的数量，减少和避免无效劳动。不断地改善劳动组织，创造良好的工作环境，改善工人的劳动条件，提高劳动效率。合理调节各工序人数安排情况，安排劳动力时，应尽量做到技术工不做普通工的工作，高级工不做低级工的工作，避免技术上的浪费，既要加快工程进度，又要节约人工费用。

③加强职工的技术培训和多种施工作业技能的培训，不断提高职工的业务技术水平和熟练操作程度，培养一专多能的技术工人，提高作业工效。提倡技术革新和推广新技术，提高技术装备水平和工厂化生产水平，提高企业的劳动生产率。

④实行弹性需求的劳务管理制度。对施工生产各环节上的业务骨干和基本的施工力量，要保持相对稳定。对短期需要的施工力量，要做好预测、计划管理，通过企业内部的劳务市场及外部协作队伍进行调剂。严格做到项目部的定员随工程进度要求及时进行调整，进行弹性管理。要打破行业、工种界限，提倡一专多能，提高劳动力的利用效率。

（二）材料费的控制

对于材料费的控制，同样应按照"量价分离"原则，控制材料用量和材料价格。

1. 材料用量的控制

在保证符合设计要求和质量标准的前提下，合理使用材料，通过定额控制、指标控制、计量控制、包干控制等手段有效控制物资材料的消耗，具体方法如下：

（1）定额控制

对于有消耗定额的材料，以消耗定额为依据，实行限额领料制度。

1）限额领料的形式

①按分项工程实行限额领料。按分项工程实行限额领料，就是对分项工程如钢筋绑扎工程、混凝土浇筑工程、砌筑工程、抹灰工程等的用料实行的限额领料，这是以施工班组为对象开展的限额领料。

②按工程部位实行限额领料。按工程部位实行限额领料，就是对分部工程如基础工程、结构工程等的用料实行的限额领料，这是以施工专业队为对象开展的限额领料。

③按单位工程实行限额领料。按单位工程实行限额领料，就是对一个单位工程从开工到竣工全过程的施工项目的用料实行的限额领料，这是以项目经理部或分包单位为对象开展的限额领料。

2）限额领料的依据

①准确的工程量。这是按工程施工图纸计算的正常施工条件下的数量，是计算限额领料量的基础。

②现行的施工预算定额或企业内部消耗定额。这是制定限额用量的标准。

③施工组织设计。这是计算和调整非实体性消耗材料的基础。

④施工过程中发包人认可的变更洽商单。这是调整限额量的依据。

3）限额领料的实施

①确定限额领料的形式。施工前，根据工程的分包形式，与使用单位确定限额领料的形式。

②签发限额领料单。根据双方确定的限额领料形式，根据有关部门编制的施工预算和施工组织设计，将所需材料数量汇总后编制材料限额数量，经双方确认后下发。

③限额领料单的应用。限额领料单一式三份，一份交保管员作为控制发料的依据；一份交使用单位，作为领料的依据；一份由签发单位留存，作为考核的依据。

④限额量的调整。在限额领料的执行过程中，会有许多因素影响材料的使用，如工程量的变更、设计更改、环境因素的影响等。限额领料的主管部门在限额领料的执行过程中要深入施工现场，了解用料情况，根据实际情况及时调整限额数量，以保证施工生产的顺利进行和限额领料制度的连续性、完整性。

⑤限额领料的核算。根据限额领料形式，工程完工后，双方应及时办理结算手续，检查限额领料的执行情况，对用料情况进行分析，按双方约定的合同，对用料节超进行奖罚兑现。

（2）指标控制

对于没有消耗定额的材料，则实行计划管理和按指标控制的办法。根据以往项目的实际耗用情况，结合具体施工项目的内容和要求，制定领用材料指标，以控制发料。超过指标的材料，必须经过一定的审批手续方可领用。

（3）计量控制

准确做好材料物资的收发计量检查和投料计量检查属于计量控制。

（4）包干控制

在材料使用过程中，对部分小型及零星材料（如钢钉、钢丝等）根据工程量计算出所需材料量,将其折算成费用,由作业者包干使用。

2. 材料价格的控制

材料价格主要由材料采购部门控制。控制材料价格,主要是指通过掌握市场信息,应用招标和询价等方式控制材料、设备的采购价格。

施工项目的材料物资,包括构成工程实体的主要材料和结构件,以及有助于工程实体形成的周转使用材料和低值易耗品。从价值角度看,材料物资的价值约占建筑安装工程造价的60%甚至70%,因此,对材料价格的控制非常重要。由于材料物资的供应渠道和管理方式各不相同,所以控制的内容和所采取的控制方法也将有所不同。

(三)施工机械使用费的控制

合理使用施工机械设备对成本控制具有十分重要的意义,在道路工程施工中,据某些工程实例统计,机械费用占10%～30%不等,由于不同的起重运输机械各有不同的特点,因此在选择起重机械时,首先应根据工程特点和施工条件确定采取的机械设备的组合方式。在确定采用何种组合方式时,首先应满足施工需要,其次要考虑费用的高低和综合经济效益。

对施工机械使用费主要应从台班数量和台班单价两个方面进行控制。

1. 台班数量

①根据施工方案和现场实际情况,选择适合项目施工特点的施工机械,编制设备需求计划,合理安排施工生产,充分利用现有机械设备,加强内部调配,提高机械设备的利用率。

②保证施工机械设备的作业时间,安排好生产工序的衔接,尽量避免停工、窝工,尽量减少施工中所消耗的机械台班数量。

③核定设备台班定额产量,实行超产奖励办法,加快施工生产进度,提高机械设备单位时间的生产效率和利用率。

④加强设备租赁计划管理,减少不必要的设备闲置和浪费,充分利用社会闲置机械资源,提高机械设备单位时间的生产效率和利用率。

2. 台班单价

①加强现场设备的维修、保养工作,降低大修、经常性修理等各项费用的开支,提高机械设备的完好率,最大限度地提高机械设备的利用率,避免因使用不当造成机械设备的停置。

②加强机械操作人员的培训工作，不断提高操作技能，提高施工机械台班的生产效率。

③加强配件的管理，建立健全配件领发料制度，严格按油料消耗定额控制油料消耗，做到修理有记录，消耗有定额，统计有报表，损耗有分析。通过经常分析总结，提高修理质量，降低配件消耗，减少修理费用的支出。

④降低材料成本，做好施工机械配件和工程材料采购计划，降低材料成本。

⑤成立设备管理领导小组，负责设备调度、检查、维修、评估等具体事宜。对主要部件及其保养情况建立档案，分清责任，便于尽早发现问题，找到解决问题的办法。

（四）施工分包费用的控制

分包工程价格的高低，必然对项目经理部的施工项目成本产生一定的影响。因此，施工项目成本控制的重要工作之一是对分包价格的控制。项目经理部应在确定施工方案的初期就确定需要分包的工程范围。决定分包范围的因素主要是施工项目的专业性和项目规模。对分包费用的控制，主要是要做好分包工程的询价、订立平等互利的分包合同、建立稳定的分包关系网络、加强施工验收和分包结算等工作。

（五）其他费用的控制

对于道路工程施工项目，由于施工的特点，还应考虑以下的经济控制方法。

1. 周转工具使用费的控制

在项目施工责任成本中，周转工具使用费是根据施工组织设计中的有关施工方案计算确定或按施工图预算的摊销费用总额乘以适当的降低率确定的。目标成本中该项费用是经过对施工组织总设计中的有关施工方案进一步细化确定的。实际发生的周转工具来源包括周转材料租赁和自购材料的领用。

周转工具使用费=（租用数量 × 租用时间 × 租赁单价）+自购周转材料领用部分的合计金额 × 摊销率。

因此，对周转工具使用费应从以下方面进行控制：

在计划阶段，通过合理安排施工进度、采用网络计划技术进行优化、采用先进的施工方案和先进的周转工具，控制周转工具使用费计划数低于目标成本的要求；在施工阶段，通过控制租赁数量和进退场时间、减少租赁数量和时间、选择质优价廉的租赁单位，降低租赁费用；在使用阶段，通过建立规章制度、建立约束和激励机制，控制周转工具的损坏、修理和丢失。

2. 现场经费的控制

现场经费包括项目经理部管理人员工资、奖金、临时设施费、交通费、业务费等，现场经费内容多，人为因素多，不易控制，超支现象较为严重。

控制的方法主要是根据现场经费的收入，实行全面预算管理。对某些不易控制的项目如交通费等可实行包干制；对一些不宜包干的项目如业务费，可通过建立严格的审批手续来进行控制。

第四节　道路施工项目成本核算

一、施工成本核算

施工成本核算是承包企业利用会计核算体系，对道路施工项目中所发生的各项费用进行归集，统计其实际发生额，并计算项目总成本和单位工程成本的管理工作。它是施工项目成本管理中最基本的职能，一方面它是施工项目进行成本预测、制订成本计划和实行成本控制所需信息的重要来源，另一方面它又是施工项目进行成本分析和成本考核的基本依据。

承包企业的项目成本核算应以项目经理责任成本目标为基本核算范围；以项目经理授权范围相对应的可控责任成本为核算对象，进行全过程分月跟踪核算。根据工程当月形象进度，对已完实际成本按分部分项工程进行归集，并与相应范围的计划成本进行比较，分析各分部分项工程成本偏差的原因，并在后续工程中采取有效控制措施并进一步寻找降本挖潜的途径。企业的项目经理部应在每月成本核算的基础上编制当月成本报告，作为项目施工月报的组成内容，提交企业主管领导、生产管理和财务部门审核备案。

二、施工项目成本核算的对象

施工成本核算的对象是指在计算工程成本中，确定、归集和分配生产费用的具体对象，即生产费用承担的客体。成本计算对象的确定，是设立工程成本明细分类账户、归集和分配生产费用以及正确计算工程成本的前提。

单位工程是合同签约、编制工程预算和工程成本计划、结算工程价款的计算单位。按照分批（订单）法原则，施工成本一般应以每一独立编制施工图预算的单位工程为成本核算对象，但也可以按照承包工程的规模、工期、结构类型、施工组织和施工现场等情况，综合成本管理要求，灵活划分成本核算对象。

一般而言，划分成本核算对象有以下几种：

①一个单位工程由几个施工单位共同施工时，各施工单位都以同一单位工程为成本核算对象，各自核算自行完成的部分；

②规模大、工期长的单位工程，可以将工程划分为若干部位，以分部位的工程作为成本核算对象；

③同一建设项目，又由同一施工单位施工，并在同一施工地点，属同一结构类型，开竣工时间相近的若干单位工程，可以合并作为一个成本核算对象；

④改建、扩建的零星工程，可以将开竣工时间相近，属于同一建设项目的各个单位工程合并作为一个成本核算对象；

⑤土石方工程、桩基工程，可以根据实际情况和管理需要，以一个单项工程为成本核算对象，或将同一施工地点的若干个工程量较少的单项工程合并，作为一个成本核算对象。

在道路工程施工项目中，工程成本核算对象的划分，一般是根据《公路工程建设项目概算预算编制办法》（JTG3830—2018）的规定确定的。

三、施工项目成本核算的任务

①执行国家有关成本开支范围、费用开支标准、工程预算定额、企业施工预算和成本计划的规定，控制费用，促使项目合理、节约地使用人力、物力和财力。这是施工项目成本核算的前提和首要任务。

②正确及时地核算施工过程中发生的各项费用，计算施工项目的实际成本。这是项目成本核算的主体和中心任务。

③反映和监督施工项目成本计划的完成情况，为项目成本预测，为参与项目施工生产、技术和经营决策提供可靠的成本报告和有关资料，促进项目改善经营管理、降低成本、提高经济效益。这是施工项目成本核算的根本目的。

四、施工项目成本核算的方法

（一）会计核算

会计核算是以会计方法为主要手段，通过设置账户、复式记账、填制和审核凭证、登记账簿、成本计算、财产清查和编制会计报表等一系列有组织有系统的方法，来记录企业的一切生产经营活动，然后据以提出一些用货币来反映的有关综合性经济指标的数据。资产、负债、所有者权益、营业收入、成本、利润等会计要素指标，主要通过会计来核算。会计记录具有连续性、系统性、综合性等特点，所以它是施工成本分析的重要依据。

（二）业务核算

业务核算是各业务部门根据业务工作的需要而建立的核算制度，它包括原始记录和计算登记记录，如单位工程及分部分项进度登记、质量登记、功效及定额计算登记、物质消耗定额记录、测试记录等。

业务核算的范围比会计、统计核算要广。会计和统计核算一般是对已经发生的经济活动进行核算，而业务核算，不但可以对已经发生的，还可以对尚未发生或正在发生的经济活动进行核算，看是否可以做，是否有经济效益。

（三）统计核算

统计核算是利用会计核算资料和业务核算资料，把企业生产经营活动客观现状的大量数据，按统计方法加以系统整理，表明其规律性。

统计核算的计量尺度比会计核算的计量尺度宽，可以用货币计算，也可以用实物或劳动量计算。统计通过全面调查和抽样调查等特有的方法，不仅能提供绝对数指标，还能提供相对数和平均数指标，可以计算当前的实际水平，确定变动速度，还可以预测发展的趋势。统计核算除了主要研究大量的经济现象外，也很重视对个别先进事例与典型事例的研究。

施工成本核算通过会计核算、业务核算和统计核算的"三算"方法，获得成本的第一手资料，并将总成本和各个分成本进行实际值与计划目标值的相互对比，用以观察分析成本升降情况，同时作为考核的依据。

两对比两考核：通过实际成本与预算成本的对比，考核施工成本的降低水平；通过实际成本与计划成本的对比，考核工程成本的管理水平。

五、施工项目成本核算的基本内容

（一）人工费核算

①内包人工费。内包人工费是指企业与项目两层分离后，企业所属的劳务分公司依据与项目经理部签订的劳务合同结算的全部工程价款。内包人工费按月结算计入项目单位工程成本，适用于类似外包工式的合同定额结算支付办法。

②外包人工费。按项目经理部与劳务队或直接与单位施工队伍签订的包清工合同，以当月验收完成的工程实物量计算人工费，并按月凭项目成本核算员

提供的"包清工工程款月度成本汇总表"预提，计入项目单位工程成本。

（二）材料费核算

工程耗用的材料，根据限额领料单、退料单、报损报耗单、大堆材料耗用计算单等，由项目料具员按单位工程编制"材料耗用汇总表"，据以计入项目成本。

（三）周转材料费核算

①周转材料实行内部租赁制，以租费的形式反映其消耗情况，按"谁租用谁负担"的原则，核算其项目成本。

②按周转材料租赁办法和租赁合同，由出租方与项目经理部按月结算租赁费。租赁费按租用的数量、时间和内部租赁单价计算，计入项目成本。

③周转材料在调入移出时，项目经理部都必须加强计量验收制度，如有短缺、损坏，一律按原价赔偿，计入项目成本（缺损数＝进场数－退场数）。

④租用周转材料的进退场运费，按其实际发生数，由调入项目负担。

⑤对 U 形卡、脚手扣件等零件，除执行项目租赁制外，考虑到其比较容易散失的因素，按规定实行定额预提摊耗，摊耗数计入项目成本，但相应减少次月租赁基数及租赁费。单位工程竣工必须进行盘点，盘点后的实物数与前期逐月按控制定额摊耗后的数量差，按实调整清算计入成本。

⑥实行租赁制的周转材料，一般不再分配负担周转材料差价。退场后发生的修复整理费用，应由出租单位进行出租成本核算，不再向项目另行收费。

（四）结构半成品或成品构件费核算

①项目结构件的使用必须要有领发手续，并根据这些手续，按照单位工程使用对象编制"结构件耗用月报表"。

②项目结构件的单价以项目经理部与外加工单位签订的合同为准，计算耗用金额并计入成本。

③根据实际施工形象进度、已完施工产值的统计及各类实际成本消耗三者在月度时点上的三同步原则（配比原则的引申与应用），结构件耗用的品种和数量应与施工产值相对应；结构件数量金额明细账的结存数，应与项目成本员的账面余额相符。

④结构件的高进高出价差核算同材料费的高进高出价差核算一致。结构件内三材数量、单价、金额均按报价书核定，或按竣工结算单的数量按实结算。

报价内的节约或超支由项目自负盈亏。

⑤如发生结构件的一般价差，可计入当月项目成本。

⑥部位分项分包，如涵洞基础等，按照企业通常采用的类似结构件管理和核算方法，项目经济员必须做好月度已完工程部分验收记录，正确计报部位分项分包产值，并书面通知项目成本员及时、正确、足额计入成本。预算成本的拆算、归类可与实际成本的出账保持同口径。分包合同价可包括制作费和安装费等有关费用，工程竣工时根据分包合同结算书，按实调整成本。

⑦在结构件外加工和部位分包施工过程中，项目经理部通过自身努力获取的经营利益或转嫁压价让利风险所产生的利益，均受益于施工项目。

（五）机械使用费核算

①机械设备实行内部租赁制，以租赁费形式反映其消耗情况，按"谁租用谁负担"的原则，核算其项目成本。

②按机械设备租赁办法和租赁合同，由企业内部机械设备租赁市场与项目经理部按月结算租赁费。租赁费根据机械使用台班、停置台班和内部租赁单价计算，计入项目成本。

③机械进出场费，按规定由承租项目负担。

④项目经理部租赁的各类大中小型机械，其租赁费全额计入项目机械费成本。

⑤根据内部机械设备租赁市场运行规则要求，结算原始凭证由项目指定专人签证开班和停班数，据以结算费用。现场机、电、修等操作工奖金由项目考核支付，计入项目机械费成本并分配到有关单位工程。

⑥向外单位租赁机械，按当月租赁费用金额计入项目机械费成本。

（六）其他直接费核算

①材料二次搬运费。

②临时设施摊销费。

③生产工具用具使用费。

④除上述以外的其他直接费内容，均应按实际发生的有效结算凭证计入项目成本。

（七）施工间接费核算

①要求以项目经理部为单位编制工资单和奖金单列支工作人员薪金。项目经理部工资总额每月必须正确核算，以此计提职工福利费、工会经费、教育经费、

劳保统筹费等。

②劳务分公司所提供的炊事人员代办食堂承包，服务、警卫人员提供区域岗点承包服务及其他代办服务费用计入施工间接费。

③内部银行的存贷利息，计入"内部利息"。

④施工间接费，先在项目"施工间接费"总账归集，再按一定的分配标准计入受益成本核算对象（单位工程）。

（八）分包工程成本核算

①包清工工程，纳入"人工费——外包人工费"内核算。

②部位分项分包工程，纳入结构件费内核算。

③双包工程，是指将整幢建筑物以包工包料的形式分包给外单位施工的工程。对双包工程，可根据施工合同取费情况和分包合同支付情况，即上下合同差，测定目标赢利率。月度结算时，以双包工程已完成工价款作为收入、应付双包单位工程款作为支出，适当负担施工间接费预结降低额。

④机械作业分包工程，是指利用分包单位专业化施工优势，将打桩、吊装、大型土方、深基础等施工项目分包给专业单位施工的形式。对机械作业分包产值统计的范围是，只统计分包费用，不包括物耗价值。同双分包工程一样，总分包企业合同差，包括总包单位管理费、分包单位让利收益等在月度结算成本时，可先预结一部分，或在月度结算时，作收支平衡处理，到竣工结算时再作为项目效益反映。

⑤由于上述双包工程和机械作业分包工程的收入和支出较易辨认（计算），项目经理部也可以对这两类分包工程采用竣工点交办法，即月度不结盈亏。

⑥项目经理部应增设"分建成本"项目，核算双包工程、机械作业分包工程成本状况。

⑦各类分包形式（特别是双包）对分包单位领用、租用、借用本企业物资、工具、设备、人工等费用，必须根据项目经理部管理人员开具的，且经分包单位指定专人签字认可的专用结算单据，如"分包单位领用物资结算单"及"分包单位租用工器具设备结算单"等结算依据入账，抵作已付分包工程款。

第五章 道路施工项目技术管理与质量控制

第一节 道路施工项目技术管理

一、道路施工项目技术管理概述

（一）道路施工项目技术管理的概念

道路施工项目技术管理，是指以合同条款和技术规范为依据，通过一定的组织系统，按照规定的程序，运用各种有效和必要的方法，使工程最终质量达到一定的标准，满足设计要求，实现设计目的的一系列管理活动。

道路施工项目技术管理一般指与技术保障、技术数据、技术文件有关的管理活动，通常包括施工机械设备选型配置、工程进度设计编制与控制、技术方案的选择和编制、施工过程中日常技术管理、工程测量管理、工程试验管理、工程变更管理、工程技术资料和档案管理等工作。

施工项目技术管理，在很大程度上决定着企业的经济效益、企业信誉乃至企业的存亡，因此一定要重视技术管理工作，而做好技术管理工作，应尊重科学，按科学的要求进行施工；应将技术管理工作与经济效益相结合，在保证质量的前提下，也要保证经济效益。

（二）道路施工项目技术管理的特点

1. 技术管理具有系统性特点

道路合同要求采用项目法施工，项目管理机构应是集人、材、物为一体的实体项目部。然而在实施中为了便于管理，项目经理部结合工程的实际分布情况设置作业分部或工区，负责相应管段内的工程内容，并且道路工程大都地质或地形复杂、技术难度大、技术含量高。因此，道路施工项目的技术管理具有点多面广、技术复杂、资料烦琐等特点，需要多方合作才能完成（是全员参与的多方位的管理活动）。所以，系统的管理显得尤为重要。

2. 技术管理具有及时性特点

施工现场的突发事件在施工过程中是经常发生的，尤其是地质多变，结构复杂的工程。因此，技术管理对施工中突发事件必须反应敏捷，处理要及时准确，对施工现场出现的施工隐患也必须周密思考、及时解决，对安全隐患的技术处理更要及时、准确，这样才能避免很多安全事故的发生。因此，技术管理具有及时性特点。

3. 技术管理受合同管理的指导和制约

合同文件是制约甲、乙双方行为的准则，是甲、乙双方联系的纽带。准确、系统理解合同文件是对每一位参建管理者的基本要求，直接体现管理者水平高低，直接关系到企业的经济利益。因此，合同管理对施工技术管理具有极强的指导性、制约性。如何结合工程特点利用合同赋予承包人的权利，避免潜在亏损，这就需要我们深入地研究和分析合同，通过有效合同程序，挽回损失，为项目创效益。

（三）道路施工项目技术管理的主要作用

施工项目技术管理在整个施工中的作用，主要有以下几个方面：

①保证施工过程符合施工技术规范和合同文件的要求，使施工生产始终在设计文件和图纸规定的技术及技术标准的控制下正常有序地进行，也就是说使工程始终处于可控状态。

②通过技术管理，不断提高技术管理水平和施工人员素质，依据一定的管理程序，有目的地分析施工中可能存在的技术薄弱环节，从而能预见性地发现和处理问题，并预先采取有针对性的措施，把技术和质量事故隐患消灭在萌芽之中，保证工程施工质量。

③通过对技术的动态管理，充分发掘施工中人工、材料及机械设备等资源的潜力，从而在保证工程质量和生产计划的前提下，努力降低工程成本，提高经济效益和提升市场竞争能力。

④通过技术管理，积极研究、开发与推广新技术、新工艺、新材料、新设备（"四新"技术），促进工程管理现代化，增加技术储备和技术积累，提高企业竞争能力。

（四）道路施工项目技术管理的基本任务

①正确贯彻国家各项技术政策和上级有关技术工作的指示与决定；科学组织各项技术工作，充分发挥技术力量的作用，大力开展技术革新和开发工作，不断采用新技术；开展全面质量管理，确保工程质量，组织安全生产和文明生产。

②加强技术研究的组织和技术教育的开展，努力提高机械化施工水平，做好信息情报和技术资料的管理，促进技术管理工作现代化。

（五）道路施工项目技术管理的原则

①从企业实际管理情况和要求出发，正确贯彻国家规定的技术政策、规范和规程。

②按技术规律要求和科学原理办事，对应用和推广的新技术、新工艺、新材料、创造和革新的成果等，要坚持经过试验做出技术鉴定的原则。

③要全面考虑技术工作的经济效益。

二、道路施工项目技术管理的基础工作

道路施工项目技术管理的基础是指为实现施工企业技术管理、实现技术管理的任务、创造技术管理的客观有利条件而应事先做好的一系列最基础的工作。其主要内容有以下几个方面。

1. 建立和健全技术管理的组织机构和技术责任制，构筑完善的技术管理体系

建立与企业生产能力和规模相适应的一套技术管理机构，这是做好技术管理工作的必要条件。为此，施工企业必须建立和健全集中统一的技术管理系统，从公司到施工队各级组织都要有技术管理的职能机构和技术职能人员，明确各人职责；项目经理部应根据项目规模设项目技术负责人。项目经理部必须在企业总工程师和技术管理部门的指导下，建立技术管理体系。

2. 贯彻和完善各种技术标准、规范和规程

技术标准、技术规范和技术规程是技术标准化的主要内容，是组织现代化施工的重要技术保证，是组织施工和检验、评定各种建筑材料技术性能以及工程质量的依据。

道路工程技术标准和技术规范是对道路工程的技术、质量标准、规格及其检验方法等做出的规定，是道路设计和施工技术的依据。道路工程施工技术规程（包括操作规程）是技术标准、技术规范的具体化，是根据技术标准、技术

规范的要求，对施工过程、操作方法、设备和工具的使用、施工安全技术要求等所做的具体规定。

技术规程因地区操作方法和操作习惯不同，一般由地区或企业自行制定执行。制定技术规程时，必须严格按技术标准和技术规范的要求，总结生产实践经验，在合理利用企业现有生产技术条件的同时，尽可能地采用国内外成熟的先进经验，已促进企业生产技术的发展。贯彻执行技术标准、技术规范和技术规程的基本要求：组织全体职工学习各种有关技术标准、规范和规程，掌握其内容和要求，牢固地树立"百年大计，质量第一"的思想，自觉按照技术标准、规范和规程办事。加强技术监督和检查，发现违反技术标准、规范和规程的行为，任何施工管理人员都有权制止和纠正，对造成严重后果者要进行严肃处理。将技术标准、规范和规程做必要的分解和具体化，如对工程质量标准和操作规程，从原材料开始到每道工序、半成品和成品，对每一个具体工种的施工生产过程进行分解，从而规定出具体的要求，以便明确奋斗目标，落实到班组和个人。

3. 不断提高职工的技术素质

要提高企业整个技术水平和生产能力，学习和掌握国内外有关先进技术经验，要开展科学技术研究和创新，落实技术标准、技术规范和技术规程的贯彻执行，都必须有赖于全体职工不断提高文化程度和技术水平。为此，要经常组织职工学文化、学技术，组织技术性的操作竞赛或进行必要的技术业务考核。只有这样，才能不断提高企业全体职工的技术素质水平，承担更重要、更复杂的施工生产任务。

4. 做好信息情报和技术资料管理工作

技术信息情报工作的主要内容包括对有关技术资料的收集、整理、报道、交流，有条件的也可以组织编索文摘、简介及翻译科技文献等。技术资料管理工作的主要内容包括对技术文件和资料的收发、复制、修改、制定、审批、装订、会签、归档、保管、借用、保密等一系列环节进行系统的科学管理，及时满足施工生产的需要。

5. 建立健全严格的技术管理制度

建立健全严格的技术管理制度，把整个企业的技术管理工作科学地组织起来，是企业进行技术管理建立正常的生产技术秩序的一项重要工作。

（1）建立技术责任制

健全严格的技术管理制度是把企业各级生产组织的技术工作，纳入集中统一的轨道，保证企业各级组织的各种技术岗位都有技术负责人，防止和杜绝施工中责任不清或无人负责的现象，保证工程质量和经济效益。为了达到这个目的，必须建立各级技术领导：工程局或公司设总工程师、处室设主任工程师、施工队设技术队长，实行岗位责任制，使每个技术人员各有专职，各司其事，有职有权有责。

（2）建立图纸会审制度

图纸会审是一项极其严肃和重要的技术工作，认真做好图纸会审，对减少施工图纸中的差错，保证和提高工程质量有重要作用。

在图纸会审以前，施工单位必须组织人员学习施工图纸，熟悉图纸内容要求和特点，并由设计单位进行设计交底，以达到弄清设计意图，发现问题，消灭差错的目的。

图纸会审工作必须有组织、有领导、有步骤地进行，并按工程性质、规模大小、重要程度特殊要求，分别组织图纸会审。一般由建设单位负责组织，设计单位交底，施工单位参加，进行集体会审。

公司图纸会审的要点：全部设计图纸及说明是否齐全、清楚、明确、有无矛盾；施工的新技术及特殊工程和复杂设备的技术可行性和必要性；重点工程和具有普遍性工程的推行方法是否妥当；设计文件中提出的概算是否合理。

施工队图纸会审的要点：除细致审核细部尺寸及其研究操作上的问题外，还应对技术复杂、要求严格、施工操作困难的分部分项工程采取放大样、做模型，或另绘大样图的方法进行核对；对缺乏经验的新技术、新结构，可先做实物试点，取得经验后进行施工。

6. 编制相应的工程施工技术文件

工程施工技术文件主要包括实施阶段的总体施工组织设计、重大的施工组织设计、施工方案和施工技术措施，单项或分部工程的施工技术措施等。编制和优化施工方案时，应考虑到市场材料、技术、施工工艺和经济效益等因素；在编制施工方案后，还应对所编制的方案进行经济技术比较和质量、安全、进度与成本相结合的综合评估，确定最佳的施工方案。

7. 建立技术交底制度

做好技术交底工作，严格按照施工组织设计和施工方案施工。通过技术交底，使参与施工的单位和工程技术人员在施工前充分了解和熟悉设计图纸（文件）、施工方法及施工技术要求，便于合理和科学地组织安排施工，确保工程施工进度、施工质量和施工安全目标的实现。

技术交底工作应分级进行，分级管理。

凡技术复杂（包括推行新技术）的重点工程、重点部位，应由总工程师向主任工程师、技术队长及有关职能部门负责人交底，明确关键性的施工技术问题。

普通工程应由主任工程师参照上述内容进行。

施工队一级的技术交底工作，由施工技术队长负责向技术人员、施工员、质量检察员、安全员以及班组长进行交代时，应对所承担的工程数量、要求期限、图纸内容、测量放样、施工方法、质量标准、技术措施、操作要求和安全措施等方面重点进行技术交底工作。

施工员向班组的交底工作，是各级技术交底的关键。施工员向班组交底时，要结合具体操作部位，贯彻落实上级技术领导的要求，明确关键部位的质量要求、操作及注意事项，制定保证质量、安全的技术措施，对关键性项目、部位以及新技术的推行项目应反复、细致地向操作组进行交底，必要时可做文字交底或示范操作。

8. 建立施工测量、试验和工程变更管理制度

测量工作就是施工的起点，要求必须实行双校核、交叉检查，同时还要和施工点附近参照物进行比较核对。施工前应做好交接桩和施工复测工作，包括路基工程的导线、中线、水准点的复测，横断面检查、补测和构筑物定位点、水准点的增设等。施工测量必须严格执行操作制度，换手观测、认真校核，做到测量放线准确无误；测量前应对设计进行转项校核，测量中按规程操作，认真做好测量记录，测量后仔细检查，完善测量资料。

试验工作既关系着施工质量又关系着施工效益，主要包括验证试验、标准试验、工艺试验、抽样试验和验收试验。所有试验原始记录均应作为重要技术管理记录进行保管。

9. 建立材料验收管理制度

购进原材料、配件时，应建立层层质量控制制度，凡用于施工的原料，必须提供合格证明文件。对于没有合格证明的文件，在使用前都按规定进行抽查、复验，证明合格后，方可使用。

10. 建立工程验收管理制度

在竣工验收时，应提交完整的施工原始记录、试验数据、分项工程自检数据等质量保证资料，并进行整理分析，其内容包括以下几个方面：所用材料、半成品和质量检验结果；材料配比和试验数据；地基处理和隐蔽工程施工记录；各项质量控制指标的试验记录和质量检验汇总表；施工过程中遇到的非正常情

况记录。这些内容都是竣工验收所需的资料，也是衡量技术管理工作好坏的一个硬指标。

11. 建立工程技术档案与竣工图的管理制度

施工单位在工程竣工验收后，应做好工程技术档案与竣工图的管理工作。工程技术档案与竣工图主要是指设计说明书、隐蔽工程验收记录、质量验收记录、竣工验收证书、技术档案鉴定验收和移交接收书与工程位置图、总平面图、施工结构图等。

12. 建立科研创新奖励制度

以项目为载体，推广应用"四新技术"（新技术、新设备、新工艺、新材料）。紧紧围绕缩短工期、提高质量、降低成本，策划新技术应用示范工程。在吸取同行业先进经验、先进技术的基础上，积极开展技术攻关，创新施工技术、施工工艺，解决施工生产中遇到的难题。通过学习、推广应用新技术，在实践中不断总结提高，形成企业的技术优势，在企业内部建立和完善引进机制、应用机制、积累机制、交流机制，奖励机制。要从发展战略高度重新认识、开发和梳理对人才问题的认识，全面提高专业技术人才的科学素质和创新能力，并在实践中不断拓展技术创新的领域，创造更大的社会、经济效益。

三、道路施工项目技术管理的内容

（一）按施工技术管理的内容组成分

①施工技术管理的主要内容包括：开工报告、技术交底、施工测量、设计变更、工程施工测量设备管理、工程试验与检验、施工日志、隐蔽工程及检验批检查验收、内业资料及竣工文件管理。

②其他技术管理工作的主要内容包括：创优规划、合同与投标承诺管理、施工工艺设计与控制、技术风险管理、技术质量管理、工程质量验收管理、工期与进度管理、工业产品投产鉴定管理、成品与半成品防护、成本分析与控制、验工计价。

（二）按施工阶段分

1. 施工技术准备阶段的重点内容

①工程项目资料交接。工程项目资料主要包括现场考察技术资料、投标答疑资料、投标文件、中标通知书、合同文件、与业主签订的协议、投标承诺、图纸等。

应注意检查交接资料是否齐全,并办理交接手续。应保留一套完整的合同文件及设计图纸存档,以便于今后编制竣工文件。应根据需要给相关人员提供资料的复印件。

②设计交桩及导线点复测。工程开工前,在业主(或监理)的主持下,由设计单位向施工单位进行交桩,交桩应在现场进行。设计单位应将路线勘测时所设置的导线控制点、水准控制点及其他重要点位的桩位及相关技术资料逐一交给施工单位。

交桩应有交桩记录。在接受桩位时应注意观察桩位是否有移动、损坏甚至缺失现象。如有此类现象发生,应及时提出并提请设计单位进行补桩。接桩后应安排专人负责,采取措施妥善保护。

项目部接受导线控制点、水准控制点的桩位后,要及时对这些控制点进行复测,并将复测的结果报监理工程师审核批准,为下一步的控制测量做好准备。

③图纸复核。图纸复核应重点关注的问题:
a. 是否符合现行相关技术标准、规范要求,有无重大原则错误;
b. 现有施工技术水平能否满足设计要求;
c. 是否符合现场和施工的实际条件;
d. 设计是否能够进一步优化;
e. 图纸本身有无矛盾;
f. 图纸中的工程数量表、材料表是否有错误;
g. 控制测量数据是否准确。
图纸复核工作应注意的问题:
a. 应组织参加施工的全体技术人员参与对图纸的复核,不能仅仅局限于几个人;
b. 在图纸复核的过程中要注意全面领会设计意图,不要轻易否定设计;
c. 注意结合现场条件进行图纸复核;
d. 要带着问题进行图纸复核,为设计交底和以后编制实施性施工组织设计及施工技术方案做准备,不要仅仅局限于工程量的复核。

④现场核对设计文件。现场核对包括以下几点:
a. 路线与构造物的总体布置、桥涵结构物形式等是否合理,相互之间是否有矛盾和错误;
b. 主要构造物的位置、尺寸、孔径是否恰当;
c. 新建的桥涵结构物等与原有道路、排水系统的衔接是否流畅;
d. 路线的高填深挖地段与设计是否有大的出入,是否合理;
e. 原有的灌溉、排水系统功能是否遭到破坏;

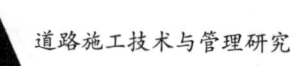

f. 对地质不良地段采取的技术处理措施是否恰当；

g. 设计推荐或投标文件中编制的总体施工方案及临时设施、便道、便桥方案是否合理可行。

⑤为实施性施工组织设计和技术方案补充必要的现场调查资料：

a. 施工现场的地形、地貌情况；

b. 工程所在地的地质情况；

c. 水文情况；

d. 当地的气象情况；

e. 当地交通、电力、通信、文物、工程附近的建筑物对施工的干扰情况；

f. 当地的交通、运输条件；

g. 当地水电供应情况；

h. 地材供应情况；

i. 当地风俗习惯、医疗条件、通信条件、生活物资供应等情况；

j. 当地政府对建设工程颁布的相关管理规定。

⑥划分单位、分部、分项工程。项目划分单位、分部、分项工程有两种方法：

a. 按业主下发的文件或合同文件的规定划分；

b. 按《工程质量检验评定标准　第一册　土建工程》（JTG F80/1—2017）划分。

两种方法以业主的要求为准，当业主没有要求时，按《公路工程质量检验评定标准　第一册　土建工程》（JTG F80/1—2017）执行。

⑦建立控制测量网。

⑧建立项目试验室或委托实验室，并提前做好先期工程试验及配合比相关工作。

⑨提前做好机械、材料、设备计划，并提供有关的技术参数、质量要求和最早进场时间。

⑩编制实施性施工组织设计与技术方案。

⑪按业主要求和工程具体工作的需要，配备项目所需的技术标准、规范、规程及有关技术参数资料。

⑫开工前的技术培训和项目部岗位、职责的确定。

⑬其他技术准备工作。

2. 工程项目施工阶段技术管理

（1）开工报告的提报与审批

前期准备工作完成后，提报开工报告。建设项目开工日期，是指建设项目设计文件中规定的任何一项永久性工程第一次正式破土开槽开始施工的日期。

不需开槽的工程，以建筑物组成部分正式打桩日期作为开工日期。铁路建设项目一般均以开始进行土、石方工程日期作为正式开工日期。工程地质勘察、平整场地、旧建筑物的拆除、临时建筑、施工用临时道路和水、电等施工不算正式开工。分期建设的项目分别按各期工程的开工时间来计算。

（2）技术交底

技术交底的目的是使全体施工人员了解设计意图，熟悉工程内容、特点、技术标准、施工方案、施工程序、工艺要求、质量标准、安全措施、工期要求。在施工生产过程中项目经理部应认真做好向作业队、向班组作业人员及配合工种的技术交底工作。

（3）设计变更

①设计变更是指自工程初步设计批准之日起至通过竣工验收正式交付使用之日止，对已批准的初步设计文件、技术设计文件或施工图设计文件所进行的修改、完善等活动。

②建设单位、监理单位主管部门应当加强对工程设计变更活动的监督管理。施工图的修改权为设计单位及项目设计者所拥有，施工单位只应按施工图进行施工。未经设计单位及项目设计负责人允许，施工单位无权修改设计。

③现场（普遍）涉及设计变更的情况主要包括：

经过会审后的施工图，在施工过程中，发现施工图仍有差错或与实际情况不符；或因施工条件发生变化与施工图的规定不符；或材料、半成品、设备等，与原设计要求不符。

④设计变更时变更的内容、手续及要求：

工程设计变更应当符合有关工程强制性标准和技术规范的要求，符合工程质量和使用功能的要求，符合环境保护的要求。

设计变更分为重大设计变更、较大设计变更和一般设计变更。重大、较大设计变更实行审批制。经批准的设计变更一般不得再次变更。

勘察设计、施工及监理等单位可以向项目法人提出工程设计变更的建议。设计变更的建议要以书面形式提出，并要注明变更理由。

由于工程勘察设计、施工等有关单位的过失引起工程设计变更并造成损失的，有关单位应当承担相应的费用和相关责任。

⑤新工艺、新技术以及职工提出的合理化建议等得到采纳，需要对原设计进行修改时，均需用"变更设计申请"向设计单位办理修改手续。

⑥重要工程部位及较大问题的变更必须由建设单位、设计和施工单位三方进行洽商，由设计单位修改，向施工单位签发设计变更通知单方为有效。

⑦如果设计工程做较大变更而影响了建设规模和投资标准，需报请原批准

初步设计的主管单位同意后方可修改。

⑧"图纸会审纪要""设计变更通知单""技术联系单"等技术文件,都要有详细的文字记录,一并汇成明细表归入工程档案,将作为施工和竣工结算的依据。

(4)测量管理

测量复核签认制基本要求如下:

①在测量工作的各个程序中实行双检制。

测量队应核对有关设计文件和监理签认的控制网点测量资料,应由两人独立进行,核对结果应做记录并进行签认,成果经项目技术部门主管复核签认,项目总工审核签认后方可使用。

测量外业工作必须有多余观测,并构成闭合检测条件。控制测量、定位测量和重要的放样测量必须坚持"两人两种方法"制度,坚持采用两种不同方法(或不同仪器)或换人进行复核测量。利用已知点进行引测、加点和施工放样前必须坚持"先检测后利用"的原则。

测量后,测量成果必须采用两人独立平行计算进行相互校核,测量队对测量成果进行复核签认。

②各工点、工序范围内的测量工作,测量组应自检复核签认,分工衔接上的测量工作,由测量队进行互检复核和签认。

③项目测量队组织对控制网点和测量组设置的施工用桩及重大工程的放样进行复核测量,经项目技术部门主管检查签认、项目总工程师审核签认合格后,报驻地监理工程师审批认可。

④项目总工和技术部门负责人要对测量队执行测量复核签认制的情况进行检查,并做好检查记录。

测量记录与资料必须分类整理、妥善保管,作为竣工文件的组成部分归档。测量记录与资料具体包括:项目交接桩资料、监理工程师提供的有关测量控制网点、放样数据变更文件;项目及各工点、各工序测量原始记录,观测方案布置图、放样数据计算书;测量内业计算书、测量成果数据图表;计量器具周期检定文件。

控制测量、每项单位工程施工测量必须分别使用单项测量记录本。测量记录统一使用水平仪簿和经纬仪簿。

一切原始观测值和记录项目在现场记录清楚,不得涂改,不得凭记忆补记、补绘。

记录中不准连环更改,不合格时应重测。手簿必须填列项次,注明观测者、观测日期、起始时间、终止时间、气象条件、使用的仪器和类型及编号,并详细记载观测时的特殊情况。凡划去的观测记录，应注明原因，予以保存，不得撕毁。

测量队应有专人管理原始记录和资料，建立台账，及时收集，按控制测量、单位工程分项整理立卷。项目工程完工，线路贯通竣工测量完成之后，测量队应将项目全部测量记录和资料档案，分类整理装订成册，上交项目部技术部门，经验收合格后，双方办理交接手续。项目部按交工验收的要求将测量记录资料编入竣工文件。

内业计算前应复查外业资料，核对起算数据。计算书要书面整洁，计算清楚，格式统一。计算者、复核者要签认。

（5）材料、构（配）件试验管理

1）原材料的验证试验

①项目经理部必须严格控制工程进场材料的质量、型号和规格。根据材料部提供的有关资料，在采购材料之前，材料采购部门应填写材料试验检验通知单交项目试验室，由试验室指派试验人员配合材料采购人员到货源处取样，进行性能试验。经检验材料合格后，方可与供应方签订供应合同。

②试验室对进场的主要原材料按施工技术规范规定的批量和项目进行检测试验。对于进场的原材料，试验频次较多，试验人员按规定频率进行取样送样，取样要有代表性，决不能弄虚作假，若现场出现质量事故应追责处理。

③没有出厂合格证或试验单的材料及型号规格与图纸要求不符合的材料，一律不得在工程上使用。一旦发现应及时向上级技术负责人反映，通报工地材料员和试验员，及时取样做试验，及时提供材质证明和试验单。

④进场的材料要做到材质证明随材料走，材质证明要与所代表材料相符，做好材料的标识、标志。

2）标准试验

标准试验就是对各项工程的内在品质进行施工前的数据采集，它是控制和指导施工的科学依据，包括各种标准击实试验、集料的级配试验、混合料的配合比试验、结构的强度试验等。标准试验应按以下要求进行：

a. 在各项工程开工前合同规定或合理的时间内，应完成标准试验，并将试验报告及试验材料提交监理工程师中心试验室审查批准；

b. 监理工程师中心试验室应在承包人进行标准试验的同时或以后，平行进行复核（对比）试验，以肯定、否定或调整承包人标准试验的参数或指标。

3）工艺试验

工艺试验就是依据技术规范的规定，在动工之前对路基、路面及其他需要通过预先试验方法能正式施工的分项工程预先进行小范围的工艺试验（所谓的路基试验段），然后依其试验结果全面指导施工。工艺试验应按以下要求进行：

a. 提出工艺试验的施工方案和实施细则并报监理工程师审查批准；

b. 工艺试验的机械组合、人员配额、材料、施工程序、预埋观测以及操作方法等应有两组以上方案，以便通过试验做出选定；

c. 试验结束后应提交试验报告，并经监理工程师审查批准。

4）构（配）件进场验证试验

①对构件的检验。对构件厂生产的预制构件，安装前应核验出厂合格证，内容包括构件型号、规格数量、出池或出厂强度、出厂日期。检验后加盖检验合格章。安装后，在合格证上注明使用部位。

②对于有缺陷的构件处理。如认为采取一定的措施仍可以使用，则一定要在合格证上注明鉴定处理意见。

5）试验、检测记录管理

①试验室对试验检测的原始记录和报告应印成一定格式的表格，原始记录和报告要实事求是、字迹清楚、数据可靠、结论明确，同时应有试验、计算、复核、负责人签字及试验日期，并加盖试验专用公章。

②工程试验检测记录应使用签字笔填写，内容应填写完整，没有填写的地方应画"—"。

③原始记录是试验检测结果的如实记载，不允许随意更改，不许删减。

④原始记录如果需要更改，作废数据应划两条水平线，并将正确数据填在上方，同时加盖更改人印章。

⑤试验室所有的质量记录，根据合同规定应向业主提供足够份数，其余质量记录由试验室装订成册上交公司档案室。

⑥当所有规定的工程原材料检验、过程检验和试验均已完成，试验室应将所有的试验记录、报告以及分项工程、分部工程和单位工程的评定结果等资料，按交工验收要求整理成册，准备交工验收。

3. 工程项目施工交竣工阶段技术管理

交竣工阶段内容如下：

a. 竣工验收准备；

b. 组织现场验收；

c. 移交竣工资料；

d. 办理交付手续。

四、道路施工项目工程变更

道路施工项目规模大、工期长、技术复杂、涉及面广,由于主客观的原因,在施工中必然会出现工程变更。

(一)道路施工项目工程变更的含义

道路施工项目工程变更是指在道路项目施工过程中,按照合同约定的程序对部分或全部工程在材料、工艺、功能、构造、尺寸、技术指标、工程数量及施工方法等方面做出的改变。由此理解,工程变更不只是图纸内容的改变,如材料替换、设备参数修改、施工方法的改变、功能调整、尺寸变化等也都属工程变更的范畴。

(二)道路施工项目工程变更的依据与变更权限

道路施工项目工程变更的程序必须遵循《公路工程设计变更管理办法》(交通部令 2005 年第 5 号)、《公路工程施工监理规范》(JTG G10—2006)、各地方关于道路施工项目工程变更的管理办法、项目招标文件、合同文件和项目公司管理的有关规定。

道路施工项目工程变更的权限必须遵循《公路工程设计变更管理办法》(交通部令 2005 年第 5 号)、《公路工程施工监理规范》(JTG G10—2006),各地方关于道路施工项目工程变更的管理办法、项目招标文件、合同文件和项目公司管理的有关规定。

(三)道路施工项目工程变更程序

设计单位根据业主设计委托书的要求进行设计,委托书一定要以书面形式给出。设计单位在完成施工图设计后,要把图纸送交专业职能部门和审图机构审核,审核通过后再把图纸交还业主。由业主组织设计、施工、监理各方一起对图纸进行会审,尽可能把存在的问题都提出来进行研究和讨论,并由设计单位做出解答,形成文字资料作为日后施工的依据。

施工单位按照施工图施工。但在工程实施过程中往往还会遇到许多预想不到的问题,工程实体与设计图纸,设备、材料确定过程与技术说明、参数要求多少会有些变化,这些变更一定要经设计单位认可,给出工程变更通知后方可实施。

《公路工程施工监理规范》（JTG G10—2006）第 6.2.1 条，明确规定了监理机构处理工程变更的相关程序。

（四）道路施工项目工程变更的类型

1. 施工单位所提出的工程变更

①施工单位对图纸或设计说明有不明确的问题向设计单位提出询问。

②施工单位提出技术修改，如对某些材料、设备参数的选用提出变更请求。

③施工单位对施工方法、施工议案提出修改。

④施工单位要求修改图纸。比如实际的管路走向与图纸不符时，管线交叉相互碰撞时，施工单位提出修改图纸。

⑤施工单位往往还会因材料采购、资金安排和人力组织方面的原因而提出变更施工组织设计施工方案的要求。

2. 监理单位提出的工程变更

监理工程师有着丰富的实践经验。在施工过程中，他们经常在现场巡视，往往会发现工程中存在的问题，并提出工程变更建议。

3. 设计单位提出的工程变更

在施工过程中，设计单位或其驻工地代表会对原设计中存在的错、漏、碰、缺提出设计修改和完善建议。

4. 建设单位引起的工程变更

①业主和建筑承包商之间签订的合同，都会有或多或少的缺陷，缺陷将导致工程变更。

②业主改变工程结构形式。

③业主改变施工方案中的技术部分。

④业主改变原合同材料的供应。

⑤业主改变工程合约期限。

5. 政府及其职能部门等第三方引起的变更

①道路施工项目，从项目报建、工程可行性研究、初步设计、施工图设计到施工，由于各种原因，项目的申报批复过程中，多少存在一些问题，这些问题起初往往被忽视，直到工程全面实施，才得以彻底显露，引起工程变更。

②政府和职能部门，在工程实施的过程中，可能根据国家新的法规、政策

的变化,对项目提出新的要求,由此产生工程变更。

6. 客观因素的限制引起的变更

水利、文物、铁路、城建、电力、电信、环保等市场价格会有变化,这些因素,加之其他不可预见因素均可造成工程变更。这些问题在道路建设工程中,屡见不鲜。

(五) 道路施工项目工程变更遵循的原则

工程变更应坚持高度负责的精神与严格的科学态度。对于工程变更,在确保工程质量的前提下,当节约用地、降低工程造价和加快施工进度这些方面有一方面需要时,就要考虑工程变更。工程变更一般应遵循以下原则:

①所做的变更,应该对提高工程质量和技术标准有利。

②人文地理等不可预见因素导致原设计与现状不符时,设计方案必须变更。

③采用新技术、新工艺解决特殊的技术问题,从而增进科技进步和提高工效。

④有利于日后工程的养护或改善行车条件。

⑤不降低设计技术标准和工程质量,能显著缩短工期和节省投资。

⑥必须保证使用功能,有利于保护环境。

⑦不得肢解设计变更规避审批,经审批的设计变更一般不得再次变更。

⑧对原设计方案进行优化时,在遵循上述原则的基础上应严格控制工程造价。

(六) 道路施工项目工程变更管理

无论是哪一方提出工程变更,都要填写表格履行工程变更手续,交总监,由总监召集专业监理工程师进行审查,认为可行后,由业主报设计单位,设计单位签署意见或重新出图,总监发布工程变更令交由施工单位执行。

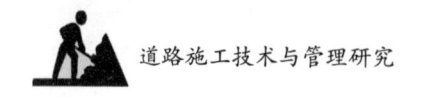

第二节　道路施工项目质量管理

一、认知工程项目质量控制体系

（一）质量控制概述

1. 质量和工程质量

在 GB/T19000—ISO9000 族标准中，质量的定义：一组固有特性满足要求的程度。

质量不仅是指产品质量，也可以是某项活动或过程的工作质量，还可以是质量管理体系运行的质量。质量是由一组固有特性组成的，这些固有特性是指满足顾客和其他相关方的要求的特性，并由其满足要求的程度加以表征。特性既可以是固有的或赋予的，又可以是定性的或定量的。质量特性是固有的特性，即通过产品、过程或体系设计和开发及其后之实现过程形成的属性。满足要求就是应满足明示的（如合同、规范、标准、技术、文件、图纸中明确规定的）、通常隐含的（如组织的惯例、一般习惯）或必须履行的（如法律、法规、行业规则）需要和期望。顾客和其他相关方对产品、过程或体系的质量要求是动态的、发展的和相对的。

建设工程质量简称工程质量。工程质量是指通过项目实施形成的工程实体的质量，是反映建筑工程满足相关标准规定或合同约定要求的，包括其在安全、使用功能及其在耐久性能、环境保护等方面所有的明显和隐含能力的特性总和。其特性主要表现在适用性、耐久性、安全性、可靠性、经济性及与环境的协调性6个方面，彼此之间是相互依存的，总体而言，它们都是必须达到的基本要求，缺一不可。

工程项目的质量是项目建设的核心，是决定工程建设成败的关键，是实现三大控制目标（质量、投资、进度）的重点。

2. 质量控制和工程项目质量控制

（1）质量控制

根据《质量管理体系　基础和术语》（GB/T 19000—2016/ISO 9000：2015）标准的定义，质量控制是质量管理的一部分，是致力于满足质量要求的一系列相关活动。这些活动主要包括设定标准、测量结果、评价和纠偏。

质量控制是在明确的质量目标和具体的条件下，通过行动方案和资源配置的计划、实施、检查和监督，进行质量目标的事前预控、事中控制和事后纠偏控制，实现预期质量目标的系统过程。

质量控制包括作业技术和管理活动，也就是包括专业技术和管理技术两个方面。

质量控制应贯穿于产品形成和体系运行的全过程。

（2）工程项目质量控制

工程项目质量总目标是业主提出和决定的，参与各方均应围绕着满足业主要求的质量总目标而努力。工程项目质量控制就是在项目实施的过程中项目参与各方致力于实现业主要求的项目质量总目标的一系列活动，即致力于满足工程项目质量要求，也就是为了保证工程项目质量满足工程合同、规范标准所采取的一系列措施、方法和手段。工程项目质量要求主要表现为工程合同、设计文件、技术规范标准规定的质量标准。

工程项目质量控制包括建设、勘察、设计、施工、监理各方面的质量控制活动。

工程项目质量控制的任务就是对项目参与各方的工程质量行为及项目工程实体质量的设计质量、材料质量、设备质量、施工安装质量进行控制。施工质量控制是项目质量控制的重点。

工程项目质量控制按其实施主体不同，主要包括以下四个方面：

①政府的工程项目质量控制。政府属于监控主体，它主要是以法律法规为依据，通过抓工程报建、施工图设计文件审查、施工许可、材料和设备准用、工程质量监督、重大工程竣工验收备案等主要环节进行的质量控制。

②工程监理单位的质量控制。工程监理单位属于监控主体，它主要是受建设单位的委托，代表建设单位对工程实施全过程进行的质量监督和控制，包括勘察设计阶段质量控制和施工阶段质量控制，以满足建设单位对工程质量的要求。

③勘察设计单位的质量控制。勘察设计单位属于自控主体，它是以法律、法规及合同为依据，对勘察设计的整个过程进行的质量控制，包括工作程序、工作进度、费用及成果文件所包含的功能和使用价值，以满足建设单位对勘察设计质量的要求。

④施工单位的质量控制。施工单位属于自控主体，它是以工程合同、设计图纸和技术规范为依据，对施工准备阶段、施工阶段、竣工验收交付阶段等施

工全过程的工作质量和工程质量进行的控制，以达到合同文件规定的质量要求。

工程项目质量控制按工程项目质量形成过程，包括全过程各阶段的质量控制，主要是决策阶段的质量控制、工程勘察设计阶段的质量控制和工程施工阶段的质量控制。

3. 质量管理的定义

我国国家标准《质量管理体系　基础和术语》（GB/T 19000—2016/ISO 9000：2015）对质量管理的定义：在质量方面指挥和控制组织（企业）的协调活动。在质量方面的指挥和控制活动，通常包括制定质量方针和质量目标以及质量策划、质量控制、质量保证和质量改进。

质量方针是指由组织（企业）的最高管理者正式发布的该组织（企业）总的质量宗旨和方向。它体现了该组织的质量意识和质量追求，是组织（企业）内部的行为准则，也体现了顾客的期望和对顾客做出的承诺。质量方针是总方针的一个组成部分，由最高管理者批准。

质量目标是指在质量方面所追求的目的，它是落实质量方针的具体要求，它从属于质量方针，应与利润目标、成本目标、进度目标等相协调。质量目标必须明确、具体，应尽量用定量化的语言进行描述，使质量目标容易被沟通和理解。质量目标应分解落实到各部门及项目的全体成员，以便于实施、检查和考核。

质量管理的定义可以说明，质量管理是企业围绕着使产品质量能满足不断更新的质量要求而开展的策划、组织、计划、实施、检查、监督和审核等所有管理活动的总和。它是企业各级职能部门领导的职责，而由企业最高领导（或项目经理）负全责，应调动与质量有关的所有人员的积极性，共同做好本职工作，这样才能完成质量管理的任务。

4. 质量管理体系

我国国家标准《质量管理体系　基础和术语》（GB/T 19000—2016/ISO 9000：2015）对质量管理体系的定义：在质量方面指挥和控制组织的管理体系。质量管理体系是实施质量方针和目标的管理系统，其内容要以满足质量目标的需要为准，它是一个有机整体，强调系统性和协调性，它的各个组成部分是相互关联。质量管理体系把影响质量的技术、管理、人员和资源等因素加以组合，在质量方针的指引下，为达到质量目标而发挥效能。

工程质量责任体系包括以下几点：

（1）建设单位的质量责任

①建设单位对其自行选择的设计、施工单位发生的质量问题承担相应责任。

②建设单位按合同的约定负责采购建筑材料、建筑构配件和设备时，建设单位应当保证建筑材料、建筑构配件和设备符合设计文件和合同要求，对发生的质量问题，建设单位应承担相应的责任。

（2）勘察、设计单位的质量责任

勘察、设计单位必须按照国家现行的有关规定、工程建设强制性技术标准和合同要求进行勘察、设计工作，并对所编制的勘察、设计文件的质量负责。

（3）施工单位的质量责任

施工单位对所承包的工程项目的施工质量负责。实行总承包的工程，总承包单位应对全部建设工程质量负责。对建设工程勘察、设计、施工、设备采购的一项或多项实行总承包的，总承包单位应对其承包的建设工程或采购的设备的质量负责；实行总分包的工程，分包单位应按照分包合同约定对其分包工程的质量向总承包单位负责，总承包单位与分包单位对分包工程的质量承担连带责任。

（4）工程监理单位的质量责任

工程监理单位应依照法律、法规以及有关技术标准、设计文件和建设工程承包合同，与建设单位签订监理合同，代表建设单位对工程质量实施监理，并对工程质量承担监理责任。监理责任主要有违法责任和违约责任两个方面。如果工程监理单位故意弄虚作假，降低工程质量标准，造成质量事故的，要承担法律责任。若工程监理单位与承包单位串通，牟取非法利益，给建设单位造成损失的，应当与承包单位承担连带赔偿责任。如果监理单位在责任期内，不按照监理合同约定履行监理职责，给建设单位或其他单位造成损失的，属违约责任，应当向建设单位赔偿。

（5）建筑材料、构配件及设备生产或供应单位的质量责任

建筑材料、构配件及设备生产或供应单位对其生产或供应的产品质量负责。

5. 工程质量的政府监督管理体制及管理职能

（1）监督管理体制

国务院建设行政主管部门对全国的建设工程质量实施统一监督管理。国务院铁路、交通、水利等有关部门按国务院规定的职责分工，负责对全国有关专业建设工程质量的监督管理。县级以上地方人民政府建设行政主管部门对本行

政区域内的建设工程质量实施监督管理。县级以上地方人民政府交通、水利等有关部门在各自职责范围内，负责本行政区域内专业建设工程质量的监督管理。

政府对工程质量的监督管理具有权威性、强制性、综合性的特点。

（2）管理职能

①建立和完善工程质量管理法规。

②建立和落实工程质量责任制。

③建设活动主体资格的管理。

④工程承发包管理。

⑤工程建设程序管理。

6.影响施工质量的因素

施工质量的影响因素主要有"人（Man）、材料（Material）、机械（Machine）、方法（Method）及环境（Environment）"五大方面，即"4M1E"。施工过程中对这五方面的因素进行严格控制，是保证施工质量的关键工作。

（1）人的因素

人，是直接参与施工的决策者、管理者和作业者。人的因素影响主要是指上述人员的质量意识和质量活动能力对施工质量造成的影响。在质量管理中，人的因素起决定性的作用。所以，施工质量控制应以控制人的因素作为基本出发点。

（2）材料的因素

材料既包括工程材料和施工用料，又包括原材料、成品、半成品、构配件等。各类材料是工程施工的物资条件，材料质量是工程质量的基础。若材料质量不符合要求，工程质量就不可能符合标准。所以加强材料的质量控制，是提高工程质量的重要保证。

（3）机械的因素

机械设备包括工程设备、施工机械和各类施工工器具。

工程设备是指组成工程实体的工艺设备和各类机具，如电梯、泵机、通风空调设备等，它们是工程项目的重要组成部分，其质量的优劣，直接影响工程使用功能的质量。施工机械设备是指施工过程中使用的各类机具设备，包括运输设备、操作工具、测量仪器、计量器具以及施工安全设施等。施工机械设备是工程项目实施的重要物质基础，合理选择和正确使用施工机械设备是保证施工质量的重要措施。施工工器具是指施工过程中个人使用的手工或电动工具、测量仪表、器具等，如电焊机、个人用的电动磨光机等。

（4）方法的因素

施工方法包括施工技术方案、施工工艺和施工技术措施等。

（5）环境的因素

环境的因素对施工质量的影响具有复杂多变以及不确定性的特点。环境的因素主要包括现场自然环境因素、施工质量管理环境因素和施工作业环境因素。

①现场自然环境因素。现场自然环境因素主要是指工程地质、水文、气象条件和周边建筑、地下障碍物以及其他不可抗力等对施工质量的影响因素。

②施工质量管理环境因素。施工质量管理环境因素主要是指施工单位质量保证体系、质量管理制度和各参建施工单位之间的协调等因素。

③施工作业环境因素。施工作业环境因素主要是指施工现场的给排水条件，各种能源介质供应、施工照明、通风、安全防护设施、施工场地空间条件和通道，以及交通运输和道路条件等。这些条件是否良好，直接影响到施工能否顺利进行，以及施工质量能否得到保证。

（二）工程项目质量控制体系

1. 全面质量管理思想和方法的应用

（1）全面质量管理的思想

TQC（Total Quality Control）即全面质量管理，是 20 世纪中期开始在欧美和日本广泛应用的质量管理理念和方法。我国从 20 世纪 80 年代开始引进和推广全面质量管理，其基本原理就是强调在企业或组织最高管理者的质量方针指引下，实行全面、全过程和全员参与的质量管理。

TQC 的主要特点：以顾客满意为宗旨；领导参与质量方针和目标的制定；提倡预防为主、科学管理、用数据说话；等等。

1）全面质量管理

建设工程项目的全面质量管理，是指项目参与各方所进行的工程项目质量管理的总称，其中包括工程（产品）质量和工作质量的全面管理。工作质量是工程质量的保证，工作质量接影响工程质量的形成。建设单位、监理单位、勘察单位、设计单位、施工总承包单位、施工分包单位、材料设备供应商等，任何一方、任何环节的怠慢疏忽或质量责任不落实都会对建设工程质量造成不利影响。

2）全过程质量管理

全过程质量管理，是指根据工程质量的形成规律，从源头抓起，全过程推进。主要的过程有项目策划与决策过程、勘察设计过程、设备材料采购过程、施工组织与实施过程、检测设施控制与计量过程、施工生产的检验试验过程、工程质量的评定过程、工程竣工验收与交付过程、工程回访维修服务过程等。

3）全员参与质量管理

按照全面质量管理的思想，组织内部的每个部门和工作岗位都承担着相应的质量职能，组织的最高管理者确定了质量方针和目标，就应组织和动员全体员工参与到实施质量方针的系统活动中去，发挥自己的角色作用。开展全员参与质量管理的重要手段就是运用目标管理方法，将组织的质量总目标逐级进行分解，使之形成自上而下的质量目标分解体系和自下而上的质量目标保证体系，发挥组织系统内部每个工作岗位、部门或团队在实现质量总目标过程中的作用。

（2）质量管理的PDCA循环

在长期的生产实践和理论研究中形成的PDCA循环，是建立质量管理体系和进行质量管理的基本方法。从某种意义上说，管理就是确定任务目标，并通过PDCA循环来实现预期目标。每一循环都围绕着实现预期的目标，进行计划、实施、检查和处置活动，随着对存在问题的解决和改进，在一次一次的滚动循环中逐步上升，不断增强质量管理能力，不断提高质量水平。每一个循环的四大职能活动相互联系，共同构成了质量管理的系统过程。

1）计划

计划（Plan）由目标和实现目标的手段组成，所以说计划是一条"目标-手段链"。质量管理的计划职能，包括确定质量目标和制定实现质量目标的行动方案两方面。实践表明质量计划的严谨周密、经济合理和切实可行，是保证工作质量、产品质量和服务质量的前提条件。

建设工程项目的质量计划，是由项目参与各方根据其在项目实施中所承担的任务、责任范围和质量目标，分别编制质量计划而形成的质量计划体系。其中，建设单位的工程项目质量计划，包括确定和论证项目总体的质量目标，制定项目质量管理的组织、制度、工作程序、方法和要求。项目其他各参与方，则根据国家法律法规和工程合同规定的质量责任和义务，在明确各自质量目标的基础上，制订实施相应范围质量管理的行动方案，包括技术方法、业务流程、资源配置、检验试验要求、质量记录方式、不合格处理及相应管理措施等具体内容和做法的质量管理文件，同时也应对其实现预期目标的可行性、有效性、经济合理性进行分析论证，并按照规定的程序与权限，经过审批后执行。

2）实施

实施（Do）职能在于将质量的目标值，通过生产要素的投入、作业技术活动和产出过程，转换为质量的实际值。为保证工程质量的产出或形成过程能够达到预期的结果,在各项质量活动实施前,要根据质量管理计划进行行动方案的部署和交底;交底的目的在于使具体的作业者和管理者明确计划的意图和要求,掌握质量标准及其实现的程序与方法。在质量活动的实施过程中,则要求严格执行计划的行动方案,规范行为,把质量管理计划的各项规定和安排落实到具体的资源配置和作业技术活动中去。

3)检查

检查(Check)是指对计划实施过程进行各种检查,包括作业者的自检、互检和专职管理者专检。各类检查也都包含两大方面:一是检查是否严格执行了计划的行动方案,实际条件是否发生了变化,不执行计划的原因;二是检查计划执行的结果,即产出的质量是否达到标准的要求,对此进行确认和评价。

4)处置

处置(Action)就是对质量检查所发现的质量问题,应及时进行原因分析,采取必要的措施予以纠正,保持工程质量形成过程的受控状态。处置分纠偏和预防改进两个方面。前者是采取有效措施,解决当前的质量偏差、问题或事故;后者是将目前质量状况信息反馈到管理部门,反思问题症结或计划的不周,确定改进目标和措施,为今后类似质量问题的预防提供借鉴。

2. 施工企业质量管理体系的建立和认证

(1)质量管理原则的意义

对于一个组织管理者,他若想成功地领导和经营其组织,需采用一种系统的、透明的方式对其组织进行管理。针对所有相关方的需求,实施并保持持续改进组织业绩的管理体系,可以使组织获得成功。一个组织的管理涉及多方面,如质量管理、环境管理、职业健康与安全管理、财务管理等。质量管理是组织各项管理的内容之一,也是组织管理的重要组成部分。

(2)质量管理原则的内容

①以顾客为中心。在当今的经济活动中,任何一个组织都要依存于他们的顾客。组织或企业由于满足或超过了自己的顾客的需求,从而获得继续生存下去的动力和源泉。顾客第一,是质量管理理论的第一要义,即以顾客为中心,不断通过 PDCA 循环进行持续的质量改进来满足顾客的需求。

②领导作用。现场质量管理的领导者应该确立统一的宗旨和方向,创造并保持使职工能充分参与实现企业目标的内部环境。领导在企业的质量管理中起着决定性的作用。

③全员参与。各级人员都是组织之本,只有全员充分参加,才能使他们的

才干为组织带来收益。产品质量是产品形成过程中全体人员共同努力的结果，其中也包含着为他们提供支持的管理、检查、行政人员的贡献。企业领导应对员工进行质量意识等各方面的教育，激发他们的积极性和责任感，为其能力、知识、经验的提高提供机会，发挥创造精神，鼓励持续改进，给予必要的物质和精神奖励，使全员积极参与，为达到让顾客满意的目标而奋斗。

而全员参与的核心是调动人的积极性，当每个人的才干得到充分发挥并能实现创新和持续改进时，组织将会获得最大收益。据统计，截至2014年，我国累计注册质量控制（QC）小组3574万个，年创可计算的经济效益达478亿元，累计效益达7934亿元。这充分体现了全员参与是质量管理的核心。

④过程方法。将相关的资源和活动作为过程进行管理，可以更高效地得到期望的结果。过程方法的原则不仅适用于某些简单的过程，也适用于由许多过程构成的过程网络。ISO 9000族标准建立在一个过程控制的基础上，对可以进行测量、检查的机会和控制点实行测量、检测和管理，便能控制过程的有效实施。

⑤系统管理。将相互关联的过程作为系统加以识别、理解和管理，有助于组织提高实现其目标的有效性和效率。不同企业应根据自己的特点，建立资源管理、过程实现、测量分析改进等方面的关联关系，并加以控制，即采用过程网络的方法建立质量管理体系，实施系统管理。建立实施质量管理体系的工作内容一般包括：确定顾客期望；建立质量目标和方针；确定实现目标的过程和职责；确定必须提供的资源；规定测量过程有效性的方法；实施测量确定过程的有效性；确定防止不合格并清除产生原因的措施；建立和应用持续改进质量管理体系的过程。

⑥持续改进。持续改进总体业绩是组织的一个永恒目标，其作用在于增强企业满足质量要求的能力，包括产品质量、过程及体系的有效性和效率的提高。持续改进是增强和满足质量要求能力的循环活动，是使企业的质量管理走上良性循环轨道的必由之路。

⑦基于事实的决策方法。有效的决策应建立在数据和信息分析的基础上，数据和信息分析是事实的高度提炼。以事实为依据做出决策，可防止决策失误。为此企业领导应重视数据信息的收集、汇总和分析，以便为决策提供依据。

⑧与供方互利的关系。组织与供方是相互依存的，建立双方的互利关系可以增强双方创造价值的能力。供方提供的产品是企业提供产品的一个组成部分。处理好与供方的关系，涉及企业能否持续稳定提供顾客满意产品的重要问题。因此，对供方不能只讲控制，不讲合作互利，特别是关键供方，更要建立互利关系，这对企业与供方双方都有利。

（3）施工企业质量管理体系文件的构成

企业应有完整和科学的质量体系文件，这是企业开展质量管理和质量保证的基础，也是企业为达到所要求的产品质量，实施质量体系审核和质量体系认证并进行质量改进的重要依据。

①质量方针和质量目标。质量方针和质量目标一般都以简明的文字来表述，是企业质量管理的方向和目标，应反映用户及社会对工程质量的要求即企业相应的质量水平和服务承诺，也是企业质量经营理念的反映。

②质量手册。质量手册是规定企业组织建立质量管理体系的文件，质量手册对企业质量体系做系统、完整和概要的描述。内容一般包括：企业的质量方针、质量目标；组织机构及质量职责；体系要素或基本控制程序；质量手册的评审、修改和控制的管理办法。

③程序文件。各种生产、工作和管理的程序文件是质量手册的支持性文件，是企业各职能部门为落实质量手册要求而规定的细则，企业为落实质量管理工作而建立的各项管理标准、规章制度都属于程序文件的范畴。一般有以下6个方面的程序为通用性管理程序，各类企业都应在程序文件中制定：文件控制程序；质量记录管理程序；内部审核程序；不合格品控制程序；纠正措施控制程序；预防措施控制程序。

④质量记录。质量记录是产品质量水平和质量体系中各项质量活动进行及结果的客观反映。质量记录以规定的形式和程序进行，并有实施、验证、审核等签署意见。

（4）施工企业质量管理体系的建立与运行

质量管理体系是企业质量管理的核心，也是贯彻质量管理和质量保证标准的关键。质量管理体系的建立是在确定市场及顾客需求的前提下，按照八项质量管理原则制定企业的质量方针、质量目标、质量手册、程序文件及质量记录等体系文件，并将质量目标分解落实到相关层次、相关岗位的职能和职责中，形成企业质量管理体系执行系统的一系列工作。

质量管理体系的运行是在生产及服务的全过程，按质量管理体系文件所制订的程序、标准、工作要求及目标分解的岗位职责进行操作运行。

质量管理体系的建立和运行一般可分为三个阶段，即质量管理体系的建立、质量管理体系文件的编制和质量管理体系的实施运行。

（5）施工企业质量管理体系的认证与监督

施工企业质量管理体系按我国GB/T 19000—2016族标准进行建立与认证。

由公正的第三方机构认证，按申请、审核、审批与注册发证等程序进行。企业获准认证的有效期为三年，认证后监督管理工作的主要内容有企业通报、监督检查、认证注销、认证暂停、认证撤销、复评及重新换证等。

3. 施工质量保证体系的内容

质量保证体系是为使人们确信某产品或某项服务能满足给定的质量要求所必需的全部有计划、有系统的活动。因此，质量保证体系是企业内部的一种管理手段，在合同环境中，质量保证体系是施工单位取得建设单位信任的手段。

（1）质量管理与质量控制的保证措施

工程项目的质量管理和质量控制应遵照《建设工程质量管理条例》和ISO 9000族标准的要求，根据全面质量管理的基本观点和方法，持续改进质量管理体系，设立专职管理部门或专职人员。质量管理应坚持预防为主的原则，按照策划、实施、检查、处置的方式进行系统运作。项目经理部应通过对人员、机具、设备、材料、方法、环境等要素的过程管理，实现过程、产品和服务的质量目标。质量管理应满足发包人及其他相关方的要求以及建设工程技术标准和产品的质量要求。

项目经理部应进行质量策划，制定质量目标，规定实施项目质量管理体系的过程和资源，编制针对项目质量管理的文件。该文件称为质量计划。质量计划也可以作为项目管理实施规划的组成部分。

质量计划的编制应依据下列资料：

a. 合同有关产品（或过程）的质量要求；

b. 与产品（或过程）有关的其他要求；

c. 质量管理体系文件；

d. 组织对项目的其他要求。

质量计划应确定下列内容：

a. 质量目标和要求；

b. 质量管理组织和职责；

c. 工程项目领导班子应坚持全员、全过程质量管理，保持并实现工程项目达到规定要求；

d. 应使企业领导和上级主管部门相信工程施工正在实现并能保持所期望的质量，开展内部质量审核和质量保证活动；

e. 开展一系列有系统、有组织的活动，提供真实文件，使建设单位、政府质量监督部门和工程监理单位确信该工程项目能达到预期的目标。

（2）质量管理体系的建立和运行

质量管理体系是指为了实施质量管理的组织机构、职责、程序、过程和资源。

质量管理体系包含一套专门的组织机构。建立质量管理体系的几项基本的原则性工作为：确定质量环；明确和完善体系结构；质量管理体系文件化；定期进行质量管理体系审核与质量管理体系复审。

①建立和完善质量管理体系的程序。建立质量管理体系的一般程序：

a. 项目领导决策；

b. 编制工作计划（包括培训教育、体系分析、职能分配、文件编制、配备仪器设备等内容）；

c. 分层次教育培训，组织学习 ISO 9000 系列标准和全面质量管理知识；

d. 分析工程项目特点，确定采用哪些质量管理体系要素和采用的程度；

e. 编制质量管理体系文件。

②质量管理体系的运行。质量管理体系的运行是执行质量管理体系文件、实现质量目标、保持质量管理体系持续有效和不断优化的过程，其有效地运行是依靠体系的组织机构进行组织协调、实施质量监督、开展信息反馈、进行质量管理体系审核和复审来实现的。

（3）质量控制

项目经理部应依据质量计划的要求，运用动态控制原理进行质量控制。质量控制主要控制过程的输入、输出以及过程中的控制点，同时也应包括各个过程之间接口的质量。质量控制是为了确保合同、规范所规定的质量标准，而采取的一系列检测、监控的措施、手段和方法。施工项目质量控制的过程是一个从工序质量到分项工程质量、分部工程质量、单位工程质量的系统控制过程，也是一个由对投入原材料的质量控制开始，直到完成工程质量检测为止的全过程。项目经理部应在质量控制过程中，跟踪收集实际数据并进行整理，并应将项目的实际数据与质量标准和目标进行比较，分析偏差，并采取措施予以纠正和处理，必要时对处置效果和影响进行复查。

在进行施工项目质量控制过程中，应遵循以下原则：

①坚持"质量第一，用户至上"。

②以人为核心，即以工作质量来保证工序质量和工程质量。人是质量的创造者，工程质量过程管理必须"以人为核心"，把人作为管理的动力，调动人的积极性、创造性；增强人的责任感，树立"质量第一"的观念，提高人的素质，

避免人的失误；以人的工作质量保证工序质量、促进工程质量。

③以预防为主。加强对质量的事前、过程控制，以及对工作质量、工序质量和中间产品质量的检查。

④坚持质量标准，严格检查，一切用数据说话。质量标准是评价产品质量的尺度，数据是质量控制的基础和依据。产品的质量是否符合质量标准，必须通过严格检查，用数据说话。

⑤贯彻科学、公正、守法的职业道德规范。建筑施工管理人员，在处理问题过程中，应：尊重客观事实，尊重科学，正直、公正，不持偏见；遵纪、守法，杜绝不正之风；既要坚持原则、严格要求、秉公办事，又要谦虚谨慎、实事求是。

工程质量控制，可分为事前控制、过程控制和事后控制三个阶段。

①事前质量控制是指在正式施工前进行的质量控制，其控制重点是做好施工准备工作，且施工准备工作要贯穿于施工全过程中。

②过程质量控制是指在施工过程中进行的质量控制，其策略是全面控制施工过程，重点控制工序质量。具体措施如下：

a. 工序施工有自控；

b. 工序交接有检查；

c. 隐蔽过程有验收；

d. 质量预控有对策；

e. 测量器具校正有复核；

f. 施工项目有方案；

g. 设计变更有手续；

h. 技术措施有交底；

i. 图纸会审有记录；

j. 材料进场有控制、配制材料有试验；

k. 质量事故处理有复查；

l. 质量工程师行使质量控制有否决；

m. 质量文件有档案。

③事后质量控制是指在完成施工过程并形成产品后的质量控制，其具体工作内容包括：准备交（竣）工验收资料，组织自检和初步验收；按规定的质量评定标准和办法，对完成的分项、分部工程和单位工程进行质量评定；参加交（竣）工验收。

（4）质量改进

项目经理部应定期对项目质量状况进行检查、分析，向组织提出质量报告，提出目前质量状况、发包人及其他相关方满意程度、产品要求的符合性以及项目经理部的质量改进措施。

组织应对项目经理部进行检查、考核，定期进行内部审核，并将审核结果作为管理评审的输入，促进项目经理部的质量改进。

组织应了解发包人及其他相关方对质量的意见，对质量管理体系进行审核，确定改进目标，提出相应措施并检查落实。

二、认知工程项目施工质量控制

建设工程项目的施工质量控制，有两个方面的含义：一是指建设工程项目施工单位的施工质量控制，包括总承包、分包单位，综合的和专业的施工质量控制；二是指广义的施工阶段的建设工程项目质量控制，即除了施工单位，还包括建设单位、设计单位、监理单位以及政府质量监督机构的监督管理和控制职能。

（一）施工质量控制的依据与基本环节

1. 施工质量的基本要求

工程项目施工是实现项目设计意图形成工程实体的阶段，是最终形成项目质量和实现项目使用价值的阶段。项目施工质量控制是整个工程项目质量控制的关键和重点。施工质量要达到的最基本要求：通过施工形成的项目工程实体质量经检查验收合格。

项目施工质量验收合格应符合下列要求：

①符合相关专业验收规范的规定，如《公路工程质量检验评定标准 第一册 土建工程》（JTGF80/1—2017）、《城镇道路工程施工与质量验收规范》（CJJ 1—2008）等规范。

②符合工程勘察、设计文件的要求。

③符合施工承包合同的约定。

"合格"是对项目质量的最基本要求，国家鼓励采用先进的科学技术和管理方法，提高建设工程质量。国家和地方的建设主管部门或行业协会设立了"中国建筑工程鲁班奖（国家优质工程）"，以及"金钢奖""白玉兰奖"和以"某某杯"命名的各种优质工程奖等，这些都是为了鼓励项目参建单位创造更好的工程质量。

2. 施工质量控制的依据

①与施工质量管理有关的、通用的、具有普遍指导意义和必须遵守的基本法规，主要包括国家和政府有关部门颁布的与工程质量管理有关的法律法规性文件，如《中华人民共和国建筑法》《中华人民共和国招标投标法》《建设工程质量管理条例》等。

②交通运输行业的各专业技术规范、文件，包括规范、规程、标准、规定等中，含有关建筑材料、半成品和构配件质量方面的专门技术法规性文件，有关材料验收、包装和标志等方面的技术标准和规定，施工工艺质量等方面的技术法规性文件以及有关新工艺、新技术、新材料、新设备的质量规定和鉴定意见等。

③项目专用性依据，包括本项目的工程建设合同、勘察设计文件、设计交底及图纸会审记录、设计修改和技术变更通知，以及相关会议记录和工程联系单等。

3. 施工质量控制的基本环节

施工质量控制应贯彻全面、全员、全过程质量管理的思想，运用动态控制原理，进行质量的事前控制、事中控制和事后控制。

（1）事前质量控制

事前质量控制，即在正式施工前进行的事前主动质量控制，通过编制施工质量计划，明确质量目标，制订施工方案，设置质量管理点，落实质量责任，分析可能导致质量目标偏离的各种影响因素，针对这些影响因素制定有效的预防措施，防患于未然。事前质量控制必须充分发挥组织的技术和管理方面的整体优势，把长期形成的先进技术、管理方法和经验智慧，创造性地应用于工程项目。事前质量控制要求针对质量控制对象的控制目标、活动条件和影响因素进行周密分析，找出薄弱环节，制定有效的控制措施和对策。

（2）事中质量控制

事中质量控制是指在施工质量形成过程中，对影响施工质量的各种因素进行全面的动态控制。事中质量控制也称为作业活动过程质量控制，包括质量活动主体的自我控制和他人监控的控制方式。自我控制是第一位的，即作业者在作业过程对自己质量活动行为的约束和技术能力的发挥，以完成符合预定质量目标的作业任务；他人监控是指作业者的质量活动过程和结果接受来自企业内部管理者和企业外部有关方面的检查检验，如工程监理机构、政府质量监督部门等的监控。

施工质量的自控和监控是相辅相成的系统过程。自控主体的质量意识和能力是关键，是施工质量的决定因素；各监控主体所进行的施工质量监控是对自控行为的推动和约束。

因此，自控主体必须正确处理自控和监控的关系，在致力于施工质量自控的同时，还必须接受来自业主、监理等方面对其质量行为和结果所进行的监督管理，包括质量检查、评价和验收。自控主体不能因为监控主体的存在和监控职能的实施而减轻或免除其质量责任。

事中质量控制的目标是确保工序质量合格，杜绝质量事故发生；控制的关键是坚持质量标准；控制的重点是对工序质量、工作质量和质量控制点的控制。

3. 事后质量控制

事后质量控制也称为事后质量把关，以使不合格的工序或最终产品（包括单位工程或整个工程项目）不流入下道工序、不进入市场。事后控制包括对质量活动结果的评价、认定；对工序质量偏差的纠正；对不合格产品进行整改和处理。控制的重点是发现施工质量方面的缺陷，并通过分析提出施工质量改进的措施，保持质量处于受控状态。

以上三大环节不是互相孤立和截然分开的，它们共同构成有机的系统过程，实质也就是质量管理 PDCA 循环的具体化，并在每一次滚动循环中不断提高，达到质量管理和质量控制的持续改进。

（二）施工准备阶段的质量控制与施工过程中的质量控制

施工质量控制是一种过程性、纠正性和把关性的质量控制。

只有严格对施工全过程进行质量控制，即包括各项施工准备阶段的控制、施工过程中的质量控制和竣工阶段的控制，才能实现项目质量目标。

1. 施工准备阶段的质量控制

（1）施工技术准备工作的质量控制

施工技术准备是指在正式开展施工作业活动前进行的施工准备工作。

例如：熟悉施工图纸，组织设计交底和图纸审查；审核相关质量文件，细化施工技术方案和施工人员、机具的配置方案，编制施工作业技术指导书，绘制各种施工详图（如测量放线图、大样图及配筋、配板、配线图表等），进行必要的技术交底和技术培训。如果施工准备工作出错，必然影响施工进度和作业质量，甚至直接导致质量事故的发生。

技术准备工作的质量控制，包括：对上述技术准备工作成果的复核审查，检查这些成果是否符合设计图纸和施工技术标准的要求；依据经过审批的质量计划审查、完善施工质量控制措施；针对质量控制点，明确质量控制的重点对象和控制方法；尽可能地提高上述工作成果对施工质量的保证程度；等等。

（2）现场施工准备工作的质量控制

1）计量控制

计量控制是施工质量控制的一项重要基础工作。施工过程中的计量，包括施工生产时的投料计量、施工测量、监测计量以及对项目、产品或过程的测试、检验、分析计量等。开工前要建立和完善施工现场计量管理的规章制度；明确计量控制责任者和配置必要的计量人员；严格按规定对计量器具进行维修和校验；统一计量单位，组织量值传递，保证量值统一，从而保证施工过程中计量的准确。

2）测量控制

工程测量放线是建设工程产品由设计转化为实物的第一步。施工测量质量的好坏，直接决定工程的定位和标高是否正确，并且制约施工过程有关工序的质量。因此，施工单位在开工前应编制测量控制方案，经项目技术负责人批准后实施。要对建设单位提供的原始坐标点、基准线和水准点等测量控制点进行复核，并将复测结果上报监理工程师审核，批准后施工单位才能据此建立施工测量控制网。

3）施工平面图控制

建设单位应按照合同约定并充分考虑施工的实际需要，事先划定并提供施工用地和现场临时设施用地的范围，协调平衡和审查批准各施工单位的施工平面设计。施工单位要严格按照批准的施工平面布置图，科学合理地使用施工场地，正确安装设置施工机械设备和其他临时设施，维护现场施工道路畅通无阻和通信设施完好，合理控制材料的进场与堆放，保持良好的防洪排水能力，保证充分的给水和供电。建设（监理）单位应会同施工单位制定严格的施工场地管理制度、施工纪律和相应的奖惩措施，严禁乱占场地和擅自断水、断电、断路，及时制止和处理各种违纪行为，并做好施工现场的质量检查记录。

4）材料设备的质量控制

对原材料、半成品及工程设备进行质量控制的主要内容：控制材料设备的性能、标准、技术参数与设计文件的相符性；控制材料、设备各项技术性能指标、检验测试指标与标准规范要求的相符性；控制材料、设备进场验收程序的正确性及质量文件资料的完备性；控制优先采用节能低碳的新型建筑材料和设备，禁止使用国家明令禁用或淘汰的建筑材料和设备。

施工单位应在施工过程中贯彻执行企业质量程序文件中关于材料和设备封样、采购、进场检验、抽样检测及质保资料提交等方面明确规定的一系列控制标准。

5）施工机械的质量控制

施工机械设备是所有施工方案和工法得以实施的重要物质基础，合理选择和正确使用施工机械设备是保证施工质量的重要措施。

对施工所用的机械设备，应根据工程需要从设备选型、主要性能参数及使用操作要求等方面加以控制，以使其符合安全、适用、经济、可靠和节能、环保等方面的要求。

对施工中使用的模具、脚手架等施工设备，除按适用的标准定型选用外，一般需按设计及施工要求进行专项设计，对其设计方案及制作质量的控制及验收应作为重点进行控制。

按现行施工管理制度要求，工程所用的施工机械、模板、脚手架，特别是危险性较大的现场安装的起重机械设备，不仅要对其设计安装方案进行审批，而且安装完毕交付使用前必须经专业管理部门的验收，合格后方可使用。同时，在使用过程中尚需落实相应的管理制度，以确保其安全正常使用。

2. 施工过程中的质量控制

施工过程中的质量控制，是在工程项目质量实际形成过程中的事中质量控制。

建设工程项目施工由一系列相互关联、相互制约的作业过程（工序）构成，因此施工质量控制，必须对全部作业过程，即各道工序的作业质量持续进行控制。从项目管理的立场看，工序作业质量的控制，首先是质量生产者即作业者的自控，在施工生产要素合格的条件下，作业者能力及其发挥的状况是决定作业质量的关键。其次是来自作业者外部的各种作业质量检查、验收和对质量行为的监督，也是不可缺少的设防和把关的管理措施。

（1）工序施工质量控制

工序是人、材料、机械设备、施工方法和环境因素对工程质量综合起作用的过程，所以对施工过程的质量控制，必须以工序作业质量控制为基础和核心。因此，工序的质量控制是施工阶段质量控制的重点。只有严格控制工序质量，才能确保施工项目的实体质量。

工序质量控制的基本步骤：检测；分析；判断；对策。

工序质量控制的原则：严格遵守工序作业标准或规程；主动控制工序活动条件的质量；及时控制工序活动效果的质量；合理设置工序质量控制点。

工序施工质量控制主要包括工序施工条件质量控制和工序施工效果质量控制。

1）工序施工条件控制

工序施工条件是指从事工序活动的各生产要素质量及生产环境条件。工序施工条件控制就是控制工序活动的各种投入要素质量和环境条件质量。

工序施工条件控制的手段主要有检查、测试、试验、跟踪监督等。

工序施工条件控制的依据主要是设计质量标准、材料质量标准、机械设备技术性能标准、施工工艺标准以及操作规程等。

2）工序施工效果控制

工序施工效果主要反映工序产品的质量特征和特性指标。对工序施工效果的控制就是控制工序产品的质量特征和特性指标能否达到设计质量标准以及施工质量验收标准的要求。

工序施工效果控制属于事后质量控制，其控制的主要途径：实测获取数据、统计分析所获取的数据、判断认定质量等级和纠正质量偏差。

3）工序质量控制点的设置

工序质量控制点是指在不同时期工序质量控制的重点。工序质量控制点包括：人的行为与物的状态；材料的质量和性能；施工方法与关键的操作；施工顺序；技术间隙与技术参数；常见的质量通病；新工艺、新技术、新材料的应用；质量不稳定、质量问题较多的工序；特殊土地基和特种结构。

（2）施工作业质量的自控

1）施工作业质量自控的意义

施工作业质量的自控，从经营的层面上说，强调的是作为建筑产品生产者和经营者的施工企业，应全面履行企业的质量责任，向顾客提供质量合格的工程产品；从生产的过程来说，强调的是施工作业者的岗位质量责任，向后道工序提供合格的作业成果（中间产品）。因此，施工方是施工阶段质量的自控主体。施工方不能因为监控主体的存在和监控责任的实施而减轻或免除其质量责任。《中华人民共和国建筑法》和《建设工程质量管理条例》规定：建筑施工企业对工程的施工质量负责；建筑施工企业必须按照工程设计要求、施工技术标准和合同的约定，对建筑材料、建筑构配件和设备进行检验，不合格的不得使用。

施工方作为工程施工质量的自控主体，既要遵循本企业质量管理体系的要求，也要根据其在所承建的工程项目质量控制系统中的地位和责任，通过具体项目质量计划的编制与实施，有效地实现施工质量的自控目标。

2）施工作业质量自控的程序

施工作业质量的自控过程是由施工作业组织的成员进行的，其基本的控制程序包括作业技术交底、作业活动的实施和作业质量的自检自查、互检互查以及专职管理人员的质量检查等。

①施工作业技术的交底。技术交底是施工组织设计和施工方案的具体化，施工作业技术交底的内容必须具有可行性和可操作性。从项目的施工组织设计到分部分项工程的作业计划，在实施之前都必须逐级进行交底，其目的是使管理者的计划和决策意图为实施人员所理解。施工作业交底是最基层的技术和管理交底活动，施工总承包方和工程监理机构都要对施工作业交底进行监督。作业交底的内容包括作业范围、施工依据、作业程序、技术标准和要领、质量目标以及其他与安全、进度、成本、环境等目标管理有关的要求和注意事项。

②施工作业活动的实施。施工作业活动是由一系列工序所组成的。为了保证工序质量的受控，首先要对作业条件进行再确认，即按照作业计划检查作业准备状态是否落实到位，其中包括对施工程序和作业工艺顺序的检查确认，在此基础上，严格按作业计划的程序、步骤和质量要求展开工序作业活动。

③施工作业质量的检查。施工作业的质量检查，是贯穿整个施工过程的最基本的质量控制活动，包括施工单位内部的工序作业质量自检、互检、专检和交接检查，以及现场监理机构的旁站检查、平行检验等。

施工作业质量检查的一般内容如下：

a. 检查施工依据：检查是否严格按质量计划的要求和相关的技术标准进行施工；有无擅自改变施工方法、粗制滥造、降低质量标准的情况。

b. 检查施工结果：检查已完施工的成果是否符合规定的质量标准。

c. 检查整改落实：检查生产组织和人员对质量检查中已被指出的质量问题或需要改进的事项是否认真执行整改。

施工作业质量检查是施工质量验收的基础，已完检验批及分部分项工程的施工质量，必须在施工单位完成质量自检并确认合格之后，才能报请现场监理机构进行检查验收。

前道工序作业质量经验收合格后，才可进入下道工序施工。未经验收合格的工序，不得进入下道工序施工。

3）施工作业质量自控的要求

工序作业质量是直接形成工程质量的基础，为达到对工序作业质量控制的效果，在加强工序管理和质量目标控制方面应坚持以下要求：

①预防为主。严格按照施工质量计划的要求，进行各分部分项施工作业的部署。同时，根据施工作业的内容、范围和特点，制订施工作业计划，明确作业质量目标和作业技术要领，认真进行作业技术交底，落实各项作业技术组织措施。

②重点控制。在施工作业计划中，一方面要认真贯彻实施施工质量计划中的质量控制点的控制措施；同时要根据作业活动的实际需要，进一步建立工序作业控制点，深化工序作业的重点控制。

③坚持标准。工序作业人员在工序作业过程应严格进行质量自检，通过自检不断改善作业，并创造条件开展作业质量互检，通过互检加强技术与经验的交流。对已完工序作业产品，即检验批或分部分项工程，应严格坚持质量标准。对不合格的施工作业质量，不得进行验收签证，必须按照规定的程序进行处理。

《公路工程质量检验评定标准　第一册　土建工程》（JTGF 80/1—2017）是道路施工作业质量自控的合格标准。有条件的施工企业或项目经理部应结合自己的条件编制高于国家标准的企业内控标准或工程项目内控标准，或采用施工承包合同明确规定的更高标准，将其列入质量计划中，努力提升工程质量水平。

④记录完整。施工图纸、质量计划、作业指导书、材料质保书、检验试验及检测报告、质量验收记录等，是可追溯性的质量保证依据，也是工程竣工验收所不可缺少的质量控制资料。

因此，对工序作业质量，应有计划、有步骤地按照施工管理规范的要求进行填写记载，做到及时、准确、完整、有效，并具有可追溯性。

4）施工作业质量自控的制度

根据实践经验的总结，施工作业质量自控的有效制度有质量自检制度、质量例会制度、质量会诊制度、质量样板制度、质量挂牌制度、每月质量讲评制度等。

（3）施工作业质量的监控

1）施工作业质量的监控主体

为了保证项目质量，建设单位、监理单位、设计单位及政府的工程质量监督部门，在施工阶段依据法律法规和工程施工承包合同，对施工单位的质量行为和项目实体质量实施监督控制。

设计单位应就审查合格的施工图纸设计文件向施工单位做详细说明；应参与建设工程质量事故分析，并对因设计造成的质量事故，提出相应的技术处理方案。

建设单位在领取施工许可证或者开工报告前，应按照国家有关规定办理工程质量监督手续。

作为监控主体之一的项目监理机构，在施工作业实施过程中，根据其监理规划与实施细则，采取现场旁站、巡视、平行检验等形式，对施工作业质量进行监督检查，如发现工程施工不符合工程设计要求、施工技术标准或合同约定时，有权要求建筑施工企业改正。项目监理机构应进行检查而没有检查或没有按规定进行检查，给建设单位造成损失时应承担赔偿责任。

必须强调，施工质量的自控主体和监控主体，在施工全过程相互依存、各尽其责，共同推动着施工质量控制过程的展开和最终实现工程项目的质量总目标。

2) 现场质量检查

现场质量检查是施工作业质量监控的主要手段。

现场质量检查的内容：

①开工前的检查，主要检查是否具备开工条件，开工后是否能够保持连续正常施工，能否保证工程质量。

②工序交接检查，对于重要的工序或对工程质量有重大影响的工序，应严格执行"三检"制度（即自检、互检、专检），未经监理工程师（或建设单位技术负责人）检查认可，不得进行下道工序施工。

③隐蔽工程的检查，施工中凡是隐蔽工程必须经检查认证后方可进行隐蔽掩盖。

④停工后复工的检查，因客观因素停工或处理质量事故等停工复工时，经检查认可后方能复工。

⑤分项、分部工程完工后的检查，应经检查认可，并签署验收记录后，才能进行下一工程项目的施工。

⑥成品保护的检查，检查成品有无保护措施以及保护措施是否有效可靠。

现场质量检查的方法：

①目测法，即凭借感官进行检查，也称观感质量检验，其手段可概括为"看、摸、敲、照"四个字。

a.看，即根据质量标准要求进行外观检查，例如，桥梁基础砌体表面应平整、砌缝不应有裂隙等。

b.摸，即通过触摸手感进行检查、鉴别，例如，油漆的光滑度，浆活是否牢固、不掉粉，等等。

c.敲，即运用敲击工具进行音感检查，例如，对地面工程中的水磨石、面砖、石材饰面等，均应进行敲击检查。

d.照，即通过人工光源或反射光照射，检查难以看到或光线较暗的部位，例如，管道井、电梯井等内部管线、设备安装质量，装饰吊顶内连接及设备安装质量，等等。

②实测法，即通过实测数据与施工规范、质量标准的要求及允许偏差值进行对照，以此判断质量是否符合要求，其手段可概括为"靠、量、吊、套"4个字。

a.靠，即用直尺、塞尺检查诸如墙面、地面、路面等的平整度。

b.量，用测量工具和计量仪表等检查断面尺寸、轴线、标高、湿度、温度等的偏差，例如，大理石板拼缝尺寸的检测、摊铺沥青拌和料温度的检测、混凝土坍落度的检测等。

c.吊，即利用托线板以及线坠吊线检查垂直度，例如，墙体垂直度检查等。

d.套，即以方尺套方，辅以塞尺检查，例如，对阴阳角的方正、踢脚线的垂直度、预制构件的方正、门窗口及构件的对角线检查等。

③试验法，即通过必要的试验手段对质量进行判断的检查方法，主要包括如下内容：

a.理化试验。工程中常用的理化试验包括物理力学性能方面的检验和化学成分及化学性能的测定两个方面。物理力学性能方面的检验，包括各种力学指标的测定，如抗拉强度、抗压强度、抗弯强度、抗折强度、冲击韧性、硬度、承载力等的测定，以及各种物理性能方面的测定，如密度、含水量、凝结时间、安定性及抗渗、耐磨、耐热性能等的测定。化学成分及化学性能的测定，包括钢筋中的磷、硫含量，混凝土中粗骨料中的活性氧化硅成分，以及耐酸、耐碱、抗腐蚀性等的测定。此外，根据规定有时还需进行现场试验，需进行现场试验的有对桩或地基的静载试验、下水管道的通水试验、压力管道的耐压试验、防水层的蓄水或淋水试验等。

b.无损检测。无损检测就是利用专门的仪器仪表从表面探测结构物、材料、设备的内部组织结构或损伤情况。在混凝土结构中，常用的无损检测方法有回弹法、超声脉冲法、超声回弹综合法、钻芯法、拔出法等；在钢结构工程中，常用的无损检测方法有 X 射线和 γ 射线探伤法、超声波探伤法、磁粉探伤法、渗透探伤法；在砌体结构中，常用的无损检测方法有原位轴压法、扁顶法、原位单剪法、原位单砖双剪法。

3）技术核定与见证取样送检

①技术核定。在建设工程项目施工过程中，因施工方对施工图纸的某些要求不甚明白，或图纸内部存在某些矛盾，或工程材料调整与代用，改变建筑节点构造、管线位置或走向等，需要通过设计单位明确或确认的，施工方必须以技术核定单的方式向监理工程师提出，报送设计单位核准确认。

②见证取样送检。为了保证建设工程质量，我国规定对工程所使用的主要材料、半成品、构配件以及施工过程留置的试块、试件等应实行现场见证取样送检。见证人员由建设单位及工程监理机构中有相关专业知识的人员担任；送检的试验室应具备经国家或地方工程检验检测主管部门核准的相关资质；见证取样送检必须严格按执行规定的程序进行，包括取样见证并记录、样本编号、填单、封箱、送试验室、核对、交接、试验检测、报告等。

检测机构应当建立档案管理制度。检测合同、委托单、原始记录、检测报告应当按年度统一编号，编号应当连续，不得随意抽撤、涂改。

（4）隐蔽工程验收与成品质量保护

1）隐蔽工程验收

凡被后续施工所覆盖的施工内容，如地基基础工程、钢筋工程、预埋管线等均属隐蔽工程。加强隐蔽工程质量验收，是施工质量控制的重要环节。其程序要求施工方首先应完成自检并合格，然后填写专用的隐蔽工程验收单。验收单所列的验收内容应与已完的隐蔽工程实物相一致，并事先通知监理机构及有关方面，按约定时间进行验收。验收合格的隐蔽工程由各方共同签署验收记录；验收不合格的隐蔽工程，应按验收整改意见进行整改后重新验收。严格隐蔽工程验收的程序和记录，对于预防工程质量隐患，提供可追溯质量记录具有重要作用。

2）施工成品质量保护

建设工程项目已完施工的成品保护，目的是避免已完施工成品受到来自后续施工以及其他方面的污染或损坏。已完施工的成品保护问题和相应措施，在工程施工组织设计与计划阶段就应该从施工顺序上进行考虑，以防止施工顺序不当或交叉作业造成相互干扰、污染和损坏。成品形成后可采取防护、覆盖、封闭、包裹等相应措施进行保护。

（三）工程项目施工质量验收

道路工程项目施工质量验收应按《公路工程质量检验评定标准 第一册 土建工程》（JTG F80/1—2017）进行。施工质量验收是在施工单位自行质量检查评定的基础上，参与建设活动的有关单位共同对检验批、分项、分部、单位工程的质量进行抽样复验，根据相关标准以书面形式对工程质量达到合格与否做出确认的过程。

正确进行工程项目质量的检查评定和验收，是施工质量控制的重要环节。施工质量验收的内容包括施工过程质量验收和施工项目竣工质量验收两个部分。

1. 施工过程质量验收

工程项目施工质量验收可划分为"检验批→分项工程→分部工程→单位工程"并依此逐步验收。施工过程质量验收主要是指检验批和分项、分部工程的质量验收。

施工过程量验收的依据包括工程施工承包合同、工程施工图纸、国家和有关部门颁发的施工规范、质量标准、验收规范等。

（1）施工过程质量验收的内容

《公路工程质量检验评定标准 第一册 土建工程》（JTG F80/1—2017）与各个专业工程施工质量验收规范，明确规定了各分项工程的施工质量的基本要求，规定了分项工程检验批量的抽查办法和抽查数量，规定了检验批主控项目、一般项目的检查内容和允许偏差，规定了对主控项目、一般项目的检验方法，规定了各分部工程验收的方法和需要的技术资料等，同时对涉及人民生命财产安全、人身健康、环境保护和公共利益的内容以强制性条文做出规定，要求必须坚决、严格遵照执行。

检验批和分项工程是质量验收的基本单元；分部工程是在所含全部分项工程验收的基础上进行验收的，在施工过程中随完工随验收，并留下完整的质量验收记录和资料；单位工程作为具有独立使用功能的完整的建筑产品，进行竣工质量验收。

施工过程质量验收包括以下验收环节，通过验收后留下完整的质量验收记录和资料，为工程项目竣工质量验收提供依据。

1）检验批质量验收

所谓检验批是指"按同一生产条件或按规定的方式汇总起来供检验用的，由一定数量样本组成的检验体"。检验批可根据施工及质量控制和专业验收需要按楼层、施工段、变形缝等进行划分。检验批是工程验收的最小单位，是分项工程乃至整个道路工程项目施工质量验收的基础。

检验批应由监理工程师（建设单位项目技术负责人）组织施工单位项目专业质量（技术）负责人等进行验收。

检验批质量验收合格应符合下列规定：

a. 主控项目和一般项目的质量经抽样检验合格；

b. 具有完整的施工操作依据、质量检查记录。

主控项目是指建筑工程中对安全、卫生、环境保护和公众利益起决定性作用的检验项目。主控项目的验收必须从严要求，不允许有不符合要求的检验结果，主控项目的检查具有否决权。除主控项目以外的检验项目称为一般项目。

2）分项工程质量验收

分项工程的质量验收在检验批验收的基础上进行。一般情况下，两者具有相同或相近的性质，只是批量的大小不同而已。分项工程可由一个或若干检验批组成。

分项工程应由监理工程师（建设单位项目技术负责人）组织施工单位项目专业质量（技术）负责人进行验收。

分项工程质量验收合格应符合下列规定：

a. 分项工程所含的检验批均应符合合格质量的规定；

b. 分项工程所含的检验批的质量验收记录应完整。

3）分部工程质量验收

分部工程的质量验收在其所含各分项工程验收的基础上进行。

分部工程应由总监理工程师（建设单位项目负责人）组织施工单位项目负责人和技术、质量负责人等进行验收；地基与基础、主体结构分部工程的勘察、设计单位工程项目负责人和施工单位技术、质量部门负责人也应参加相关分部工程验收。

分部（子分部）工程质量验收合格应符合下列规定：

a. 分部（子分部）工程所含分项工程的质量均应验收合格；

b. 质量控制资料应完整；

c. 地基与基础、主体结构和设备安装等分部工程有关安全及功能的检验和抽样检测结果应符合有关规定；

d. 观感质量验收应符合要求。

必须注意的是，由于分部工程所含的各分项工程性质不同，因此它并不是在所含分项验收基础上的简单相加，即所含分项验收合格且质量控制资料完整，只是分部工程质量验收的基本条件，还必须在此基础上对涉及安全和使用功能的地基基础、主体结构、有关安全及重要使用功能的安装分部工程进行见证取样试验或抽样检测；而且还需要对其观感质量进行验收，并综合给出质量评价，对于评价为"差"的检查点应通过返修处理等进行补救。

（2）施工过程质量验收不合格的处理

施工过程的质量验收是以检验批的施工质量为基本验收单元。检验批质量不合格可能是使用的材料不合格，或施工作业质量不合格，或质量控制资料不完整等原因所致，其处理方法有：

a.在检验批验收时，发现存在严重缺陷的应推倒重做，有一般的缺陷可通过返修或更换器具、设备消除缺陷后重新进行验收；

b.个别检验批发现某些项目或指标（如试块强度等）不满足要求难以确定是否验收时，应请有资质的法定检测单位检测鉴定，当鉴定结果能够达到设计要求时，应予以验收；

c.当检测鉴定达不到设计要求，但经原设计单位核算仍能满足结构安全和使用功能的检验批，可予以验收；

d.在于存在严重质量缺陷或超过检验批范围内的缺陷，经法定检测单位检测鉴定后，认为不能满足最低限度的安全储备和使用功能的检验批，则必须进行加固处理，虽然改变外形尺寸，但能满足安全使用要求，可按技术处理方案和协商文件进行验收，责任方应承担经济责任；

e.通过返修或加固处理后仍不能满足安全使用要求的分部工程严禁验收。

2.施工项目竣工质量验收

施工项目竣工质量验收是施工质量控制的最后一个环节，是对施工过程质量控制成果的全面检验，是从终端把关方面进行质量控制。未经验收或验收不合格的工程，不得交付使用。

（1）施工项目竣工质量验收的依据

①国家相关法律法规和建设主管部门颁布的管理条例和办法。

②工程施工质量验收统一标准。

③专业工程施工质量验收规范。

④批准的设计文件、施工图纸及说明书。

⑤工程施工承包合同。

⑥其他相关文件。

（2）施工项目竣工质量验收的要求

施工项目竣工质量应按下列要求进行验收。

①施工项目竣工质量应符合相关标准和专业验收规范的规定。

②工程施工应符合工程勘察、设计文件的要求。

③参加施工项目竣工质量验收的各方人员应具备规定的资格。

④施工项目竣工质量的验收均应在施工单位自行检查评定的基础上进行。

⑤隐蔽工程在隐蔽前应由施工单位通知有关单位进行验收，并应形成验收文件。

⑥涉及结构安全的试块、试件以及有关材料，应按规定进行见证取样检测。

⑦检验批的质量应按主控项目和一般项目验收。

⑧对涉及结构安全和使用功能的重要分部工程应进行抽样检测。

⑨承担见证取样检测及有关结构安全检测的单位应具有相应资质。

⑩施工项目的观感质量应由验收人员通过现场检查，并应共同确认。

（3）施工项目竣工质量验收的标准

单位工程是施工项目竣工质量验收的基本对象。单位工程质量验收合格应符合下列规定：

①单位工程所含分部工程的质量均应验收合格。

②质量控制资料应完整。

③单位工程所含分部工程有关安全和功能的检验资料应完整。

④主要功能项目的抽查结果应符合相关专业质量验收规范的规定。

⑤观感质量验收应符合要求。

（4）施工项目竣工质量验收的程序

道路工程项目竣工验收，可分为验收准备、竣工预验收和正式验收三个环节进行。整个验收过程涉及建设单位、设计单位、监理单位及施工总分包各方的工作，必须按照工程项目质量控制系统的职能分工，以监理工程师为核心进行竣工验收的组织协调。

1）竣工验收准备

施工单位按照合同规定的施工范围和质量标准完成施工任务后，应自行组织有关人员进行质量检查评定。自检合格后，向现场监理机构提交工程竣工预验收申请报告，要求组织工程竣工预验收。施工单位的竣工验收准备，包括工程实体的验收准备和相关工程档案资料的验收准备，使之达到竣工验收的要求，其中设备及管道安装工程等，应经过试车、试压和系统联动试运行，并有检查记录。

2）竣工预验收

监理机构收到施工单位的工程竣工预验收申请报告后，应就验收的准备情况和验收条件进行检查，对工程质量进行竣工预验收。对工程实体质量及档案资料存在的缺陷，及时提出整改意见，并与施工单位协商整改方案，确定整改要求和完成时间。具备下列条件时，由施工单位向建设单位提交工程竣工验收报告，申请工程竣工验收：

①完成建设工程设计和合同约定的各项内容。

②有完整的技术档案和施工管理资料。

③有工程使用的主要建筑材料、构配件和设备的进场试验报告。

④有工程勘察、设计、施工、工程监理等单位分别签署的质量合格文件。

⑤有施工单位签署的工程保修书。

3）正式竣工验收

建设单位收到工程竣工验收报告后，应由建设单位（项目）负责人组织施工（含分包单位）、设计、勘察、监理等单位（项目）负责人进行单位工程验收。

建设单位应组织勘察、设计、施工、监理等单位和其他方面的专家组成竣工验收小组，负责检查验收的具体工作，并制订验收方案。

建设单位应在工程竣工验收 7 个工作日前将验收时间、地点、验收组名单书面通知该工程的工程质量监督机构。建设单位组织竣工验收会议。正式验收过程的主要工作如下：

①建设、勘察、设计、施工、监理单位分别汇报工程合同履约情况及工程施工各环节施工满足设计要求，质量符合法律、法规和强制性标准的情况。

②检查审核设计、勘察、施工、监理单位的工程档案资料及质量验收资料。

③实地检查工程外观质量，对工程的使用功能进行抽查。

④对工程施工质量管理各环节工作、对工程实体质量及质保资料情况进行全面评价，形成经验收组人员共同签署意见并加盖各单位公章的工程竣工验收记录。

⑤竣工验收合格，建设单位应及时提出工程竣工验收报告，验收报告应附有工程施工许可证、设计文件审查意见、质量检测功能性试验资料、工程质量保修书等法规所规定的其他文件。

⑥工程质量监督机构应对工程竣工验收工作进行监督。

（5）竣工验收备案

我国实行建设工程竣工验收备案制度。新建、扩建和改建的各类市政基础设施工程的竣工验收,均应按《建设工程质量管理条例》的规定进行备案。

①建设单位应当自建设工程竣工验收合格之日起 15 日内,将建设工程竣工验收报告和规划、公安消防、环保等部门出具的认可文件或准许使用文件,报建设行政主管部门或者其他相关部门备案。

②备案部门在收到备案文件资料后的 15 日内,对文件资料进行审查,符合要求的工程,在验收备案表上加盖"竣工验收备案专用章",并将一份退建设单位存档。备案部门发现建设单位在竣工验收过程中,有违反国家有关建设工程质量管理规定行为的,应当在收讫竣工验收备案文件 15 日内,责令停止使用,重新组织竣工验收。

③建设单位有下列行为之一的,责令改正,处以工程合同价款百分之二以上百分之四以下的罚款,造成损失的依法承担赔偿责任:未组织竣工验收,擅自交付使用的;验收不合格,擅自交付使用的;对不合格的建设工程按照合格工程验收的。

三、施工质量事故的处理

(一)施工质量事故的分类

1. 质量不合格和质量缺陷的定义

根据我国标准《质量管理体系 基础和术语》(GB/T 19000—2016/ISO 9000:2015)的规定,凡工程产品没有满足某个规定的要求,就称之为质量不合格;而未满足某个与预期或规定用途有关的要求,则称之为质量缺陷。

2. 工程质量事故的定义和分类

工程质量事故指由于勘测、设计、施工、监理、试验检测等责任过失而使工程在下述时限内遭受损毁或产生不可弥补的本质缺陷,因构造物倒塌造成人身伤亡或财产损失以及需加固、补强、返工处理的事故。

根据《公路工程质量管理办法》(交公路发〔1999〕90 号),工程质量事故分类如下。

工程质量事故分质量问题、一般质量事故和重大质量事故三类。

①质量问题:质量较差、造成直接经济损失(包括修复费用)在 20 万元以下。

②一般质量事故:质量低劣或达不到合格标准,需加固补强,直接经济损失(包括修复费用)在 20 万元至 300 万元之间的事故。一般质量事故分三个等级:

a.一级一般质量事故：直接经济损失在150万~300万元。

b.二级一般质量事故：直接经济损失在50万~150万元。

c.三级一般质量事故：直接经济损失在20万~50万元。

③重大质量事故：由于责任过失造成工程倒塌、报废或造成人身伤亡或重大经济损失的事故。重大质量事故分三个等级：

a.具备下列条件之一者为一级重大质量事故：

（a）死亡30人以上；

（b）直接经济损失1000万元以上；

（c）特大型桥梁主体结构垮塌。

b.具备下列条件之一者为二级重大质量事故：

（a）死亡10人以上、29人以下；

（b）直接经济损失500万元以上、1000万元以下；

（c）大型桥梁主体结构垮塌；

c.具备下列条件之一者为三级重大质量事故：

（a）死亡1人以上、9人以下；

（b）直接经济损失300万元以上、500万元以下；

（c）中小型桥梁主体结构垮塌。

（二）施工质量事故的预防

建立健全施工质量管理体系，加强施工质量控制，就是为了预防施工质量事故，在保证工程质量合格的基础上，不断提高工程质量。所以，施工质量控制的所有措施和方法，都是预防施工质量事故的措施。具体来说，施工质量事故的预防，应运用风险管理的理论和方法，从寻找和分析可能导致施工质量事故发生的原因入手，抓住影响施工质量的各种因素和施工质量形成过程的各个环节，采取针对性的预防控制措施。

1.施工质量事故发生的原因

施工质量事故发生的原因大致有如下四类：

（1）技术原因

技术原因引发的质量事故是指在工程项目实施中因项目勘察、设计、施工中技术上的失误而造成的质量事故。例如，地质勘察过于疏略，对水文地质情况判断错误，致使地基基础设计采用不正确的方案，或结构设计方案不正确，计算失误，构造设计不符合规范要求，以及施工管理及实际操作人员的技术素质差，采用了不合适的施工方法或施工工艺等，这些技术上的失误是造成质量事故的常见原因。

（2）管理原因

管理原因引发的质量事故是指管理上的不完善或失误引发的质量事故。例如，施工单位或监理单位的质量管理体系不完善，质量管理措施落实不力，检验制度不严密，质量控制不严格，检测仪器设备管理不善而失准，以及材料质量检验不严等原因引起的质量事故都属于管理原因引发的质量事故的范畴。

（3）社会、经济原因

社会、经济原因引发的质量事故是指社会上存在的不正之风及经济上的原因，滋长了建设中的违法违规行为，而导致出现的质量事故。例如，违反基本建设程序，无立项、无报建、无开工许可、无招投标、无资质、无监理、无验收的"七无"工程，边勘察、边设计、边施工的"三边"工程，以及某些施工企业盲目追求利润而不顾工程质量，在投标报价中随意压低标价，中标后则依靠违法的手段或修改方案追加工程款，甚至偷工减料等。这些因素都会导致发生重大工程质量事故。

（4）人为事故和自然灾害原因

人为事故和自然灾害原因引发的质量事故是指因人为的设备事故、安全事故而导致连带发生的质量事故，以及严重的自然灾害等不可抗力造成的质量事故。

2. 施工质量事故预防的具体措施

（1）严格按照基本建设程序办事

首先要做好项目可行性论证，不可未经深入调查分析和严格论证就盲目拍板定案；要彻底搞清工程地质水文条件后方可开工；杜绝无证设计、无图施工；禁止任意修改设计和不按图纸施工；工程竣工不进行试车运转、不经验收不得交付使用。

（2）认真做好工程地质勘察

地质勘察时要适当布置钻孔位置和设定钻孔深度。钻孔间距过大，不能全面反映地基实际情况；钻孔深度不够，难以查清地下软土层、滑坡、墓穴、孔洞等有害地质构造。地质勘察报告必须详细、准确，防止因根据不符合实际情况的地质资料而采用错误的基础方案，导致地基不均匀沉降、失稳，使上部结构及墙体开裂、破坏、倒塌。

（3）科学地加固处理好地基

对软弱土、冲填土、杂填土、湿陷性黄土、膨胀土、岩层出露、岩溶、土洞等不均匀地基要进行科学的加固处理。要根据不同地基的工程特性，按照地基处理与上部结构相结合使其共同工作的原则，从地基处理与设计措施、结构措施、防水措施、施工措施等方面综合考虑治理。

（4）进行必要的设计审查复核

要请具有合格专业资质的审图机构对施工图进行审查复核，防止因设计考虑不周、结构构造不合理、设计计算错误、沉降缝及伸缩缝设置不当、悬挑结构未通过抗倾覆验算等，导致质量事故的发生。

（5）严格把好建筑材料及制品的质量关

要从采购订货、进场验收、质量复验、存储和使用等几个环节，严格控制建筑材料及制品的质量，防止不合格或变质、损坏的材料和制品用到工程上。

（6）对施工人员进行必要的技术培训

通过技术培训使施工人员掌握基本的建筑结构和建筑材料知识，懂得遵守施工验收规范对保证工程质量的重要性，从而在施工中自觉遵守操作规程，不蛮干，不违章操作，不偷工减料。

（7）依法进行施工组织管理

施工管理人员要认真学习、严格遵守国家相关政策法规和施工技术标准，依法进行施工组织管理；施工人员首先要熟悉图纸，对工程的难点和关键工序、关键部位应编制专项施工方案并严格执行；施工作业必须按照图纸和施工验收规范、操作规程进行；施工技术措施要正确，施工顺序不可搞错，脚手架和楼面不可超载堆放构件和材料；要严格按照制度进行质量检查和验收。

（8）做好应对不利施工条件和各种灾害的预案

要根据当地气象资料的分析和预测，事先针对可能出现的风、雨、高温、严寒、雷电等不利施工条件，制定相应的施工技术措施；还要对不可预见的人为事故和严重自然灾害做好应急预案，并有相应的人力、物力储备。

（9）加强施工安全与环境管理

许多施工安全和环境事故都会连带发生质量事故，加强施工安全与环境管理，也是预防施工质量事故的重要措施。

（三）施工质量事故处理的依据、程序和方法

1. 施工质量事故处理的依据

（1）质量事故的实况资料

质量事故的实况资料包括：质量事故发生的时间、地点；质量事故状况的描述；质量事故发展变化的情况；有关质量事故的观测记录、事故现场状态的照片或录像；事故调查组调查研究所获得的第一手资料。

（2）有关合同及合同文件

有关合同及合同文件包括工程承包合同、设计委托合同、设备与器材购销合同、监理合同及分包合同等。

（3）有关的技术文件和档案

有关的技术文件和档案主要包括有关的设计文件（如施工图纸和技术说明）以及与施工有关的技术文件、档案和资料，如施工方案、施工计划、施工记录、施工日志、有关建筑材料的质量证明资料、现场制备材料的质量证明资料、质量事故发生后对事故状况的观测记录、试验记录或报告等。

（4）相关的建设法规

相关的建设法规主要包括《中华人民共和国建筑法》《建设工程质量管理条例》和《关于做好房屋建筑和市政基础设施工程质量事故报告和调查处理工作的通知》等与工程质量及质量事故处理有关的法规，以及相关技术标准、规范、规程和管理办法等。

2.施工质量事故报告和调查处理程序

（1）事故报告

工程质量事故发生后，事故现场有关人员应当立即向工程建设单位负责人报告；工程建设单位负责人接到报告后，应于1小时内向事故发生地县级以上工程建设主管部门及有关部门报告；同时应按照应急预案采取相应措施。情况紧急时，事故现场有关人员可直接向事故发生地县级以上工程建设主管部门报告。

事故报告应包括下列内容：事故发生的时间、地点、工程项目名称、工程各参建单位名称；事故发生的简要经过、伤亡人数和初步估计的直接经济损失；事故原因的初步判断；事故发生后采取的措施及事故控制情况；事故报告单位、联系人及联系方式；其他应当报告的情况。

（2）事故调查

事故调查要按规定区分事故的大小分别由相应级别的人民政府直接或授权委托有关部门组织事故调查组进行调查。未造成人员伤亡的一般事故，县级人民政府也可以委托事故发生单位组织事故调查组进行调查。事故调查应力求及时、客观、全面，以便为事故的分析与处理提供正确的依据。调查结果要整理撰写成事故调查报告，其主要内容应包括：事故项目及各参建单位概况；事故发生经过和事故救援情况；事故造成的人员伤亡和直接经济损失；事故项目有关质量检测报告和技术分析报告；事故发生的原因和事故性质；事故责任的认定和事故责任者的处理建议；事故防范和整改措施。

（3）事故的原因分析

原因分析要建立在事故情况调查的基础上，避免情况不明就主观推断事故的原因。特别是对涉及勘察、设计、施工、材料和管理等方面的质量事故，事故的原因往往错综复杂，因此，必须对调查所得到的数据、资料进行仔细的分析，依据国家有关法律法规和工程建设标准分析事故的直接原因和间接原因，必要时可组织对事故项目进行检测鉴定和专家技术论证，去伪存真，找出造成事故的主要原因。

（4）制订事故处理的技术方案

事故的处理要建立在原因分析的基础上，要广泛地听取专家及有关方面的意见，经科学论证，决定事故是否要进行技术处理和怎样处理。在制订事故处理的技术方案时，应做到安全可靠、技术可行、不留隐患、经济合理、具有可操作性、满足项目的安全和使用功能要求。

（5）事故处理的内容

事故处理的内容包括：事故的技术处理，按经过论证的技术方案进行处理，解决事故造成的质量缺陷问题；事故的责任处罚，依据有关人民政府对事故调查报告的批复和有关法律法规的规定，对事故相关责任者实施行政处罚，负有事故责任的人员涉嫌犯罪的，应依法追究其刑事责任。

（6）事故处理的鉴定验收

质量事故的技术处理是否达到预期的目的，是否依然存在隐患，应当通过检查鉴定和验收做出确认。事故处理的质量检查鉴定，应严格按施工验收规范和相关质量标准的规定进行，必要时还应通过实际量测、试验和仪器检测等方法获取必要的数据，以便准确地对事故处理的结果做出鉴定，形成鉴定结论。

（7）提交事故处理报告

事故处理后，必须尽快提交完整的事故处理报告，其内容包括：事故调查的原始资料、测试的数据；事故原因分析和论证结果；事故处理的依据；事故处理的技术方案及措施；实施技术处理过程中有关的数据、记录、资料；检查验收记录；对事故相关责任者的处罚情况和事故处理的结论；等等。

3. 施工质量事故处理的基本要求

①质量事故的处理应达到安全可靠、不留隐患、满足生产和使用要求、施工方便、经济合理的目的。

②消除造成事故的原因，注意综合治理，防止事故再次发生。

③正确确定技术处理的范围和正确选择处理的时间和方法。

④切实做好事故处理的检查验收工作，认真落实防范措施。

⑤确保事故处理期间的安全。

4. 施工质量缺陷处理的基本方法

（1）返修处理

当项目某些部分的质量虽未达到规范、标准或设计规定的要求，存在一定的缺陷，但经过采取整修等措施后可以达到要求的质量标准，又不影响使用功能或外观的要求时，可采取返修处理的方法。例如，某些混凝土结构表面出现蜂窝、麻面，或者混凝土结构局部出现损伤，如结构受撞击、局部未振实、冻害、火灾、酸类腐蚀、碱骨料反应等，当这些缺陷或损伤仅仅在结构的表面或局部，不影响其使用和外观时，可进行返修处理。再比如，对于混凝土结构出现的裂缝，经分析研究后如果不影响结构的安全和使用功能时，也可采取返修处理。当裂缝宽度不大于 0.2 mm 时，可采用表面密封法；当裂缝宽度大于 0.3 mm 时，可采用嵌缝密闭法；当裂缝较深时，则应采取灌浆修补的方法。

（2）加固处理

加固处理主要是针对危及结构承载力的质量缺陷的处理。对混凝土结构常用的加固方法主要有增大截面加固法、外包角钢加固法、粘钢加固法、增设支点加固法、增设剪力墙加固法、预应力加固法等。

（3）返工处理

当工程质量缺陷经过返修、加固处理后仍不能满足规定的质量标准要求，或不具备补救可能性，则必须采取重新制作、重新施工的返工处理措施。例如，某防洪堤坝填筑压实后，其压实土的干密度未达到规定值，经核算将影响土体的稳定且不满足抗渗能力的要求，需挖除不合格土，重新填筑，重新施工；某公路桥梁工程预应力按规定张拉系数为 1.3，而实际仅为 0.8，属严重的质量缺陷，也无法修补，只能重新制作。再比如，在混凝土路面施工中，误用了安定性不合格的水泥，无法采用其他补救办法，不得不拆除重新浇筑。

(4)限制使用

当工程质量缺陷按修补方法处理后无法保证达到规定的使用要求和安全要求，而又无法返工处理的情况下，不得已时可做出诸如结构卸荷或减荷以及限制使用的决定。

(5)不作处理

某些工程质量问题虽然达不到规定的要求或标准，但其情况不严重，对结构安全或使用功能影响很小，经过分析、论证、法定检测单位鉴定和设计单位等认可后可不作专门处理。一般可不作专门处理的情况有以下几种：

①不影响结构安全和使用功能的。例如，某些部位的混凝土表面的裂缝，经检查分析，属于表面养护不够的干缩微裂，不影响安全和外观，可不作处理。

②后道工序可以弥补的质量缺陷。例如，混凝土结构表面的轻微麻面，可通过后续的抹灰、刮涂、喷涂等弥补，也可不作处理。

③法定检测单位鉴定合格的。例如，某检验批混凝土试块强度值不满足规范要求，强度不足，但经法定检测单位对混凝土实体强度进行实际检测后，其实际强度达到规范允许和设计要求值时，可不作处理。对经检测未达到要求值，但相差不多，经分析论证，只要使用前经再次检测达到设计强度，也可不作处理，但应严格控制施工荷载。

④出现的质量缺陷，经检测鉴定达不到设计要求，但经原设计单位核算，仍能满足结构安全和使用功能的。例如，某一结构构件截面尺寸不足，或材料强度不足，影响结构承载力，但按实际情况进行复核验算后仍能满足设计要求的承载力时，可不进行专门处理。这种做法实际上是挖掘设计潜力或降低设计的安全系数，应谨慎处理。

(6)报废处理

出现质量事故的项目，通过分析或实践，采取上述处理方法后仍不能满足规定的质量要求或标准，则必须予以报废处理。

第六章　道路施工项目合同管理

第一节　道路施工项目招投标

交通部 2006 年发布的《公路工程施工招标投标管理办法》（以下简称《办法》）对公路工程施工招标投标进行了规范，以下是源自《办法》中关于招标投标的主要内容，供学习参考。

一、招标

①下列公路工程施工项目必须进行招标，但涉及国家安全、国家秘密、抢险救灾或者利用扶贫资金实行以工代赈等不适宜进行招标的项目除外：
  a. 投资总额在 3000 万元人民币以上的公路工程施工项目；
  b. 施工单项合同估算价在 200 万元人民币以上的公路工程施工项目；
  c. 法律、行政法规规定应当招标的其他公路工程施工项目。
②公路工程施工招标投标活动应当遵循公开、公平、公正和诚信的原则。
③依法必须进行招标的公路工程施工项目，其招标投标活动不受地区或者部门的限制，任何具备从事公路建设规定条件的企业法人都可以参加投标。任何组织和个人不得以任何方式非法干预公路工程施工招标投标活动。
④公路工程施工招标的项目应当具备的条件：
  a. 初步设计文件已被批准；
  b. 建设资金已经落实；
  c. 项目法人已经确定，并符合项目法人资格标准要求。
⑤公路工程施工招标的招标人，应当是依照《办法》规定提出公路工程施工招标项目、进行公路工程施工招标的项目法人。

⑥公路工程施工招标分为公开招标和邀请招标。采用公开招标的，招标人应当通过国家指定的报刊、信息网络或者其他媒体发布招标公告，邀请具备相应资格的不特定的法人投标。采用邀请招标的，招标人应当以发送投标邀请书的方式，邀请三家以上具备相应资格的特定的法人投标。

⑦公路工程施工招标，应当按下列程序进行：

a. 确定招标方式，采用邀请招标的，应当按照国家规定报有关主管部门审批；

b. 编制投标资格预审文件和招标文件，招标文件按照本《办法》规定备案；

c. 发布招标公告，发售投标资格预审文件，采用邀请招标的，可直接发出投标邀请书，发售招标文件；

d. 对潜在投标人进行资格审查；

e. 向资格预审合格的潜在投标人发出投标邀请书和发售招标文件；

f. 组织潜在投标人考察招标项目工程现场，召开标前会；

g. 接受投标人的投标文件，公开开标；

h. 组建评标委员会评标，推荐中标候选人；

i. 确定中标人，评标报告和评标结果按照本《办法》规定备案并公示；

j. 发出中标通知书；

k. 与中标人订立公路工程施工合同。

⑧公路工程施工招标投标应当对潜在投标人进行资格审查。

⑨招标文件中关于投标人的资质要求，应当符合法律、行政法规的规定，招标人不得在招标文件中制定限制性条件阻碍或者排斥投标人，不得规定以获得本地区奖项等要求作为评标加分条件或中标条件。

⑩招标人设定标底的，可自行编制标底或者委托具备相应资格的单位编制标底。标底编制应当符合国家有关工程造价管理的规定，并应当控制在批准的概算以内。招标人应当采取措施，在开标前做好标底的保密工作。

二、投标

①公路工程施工招标的投标人是响应招标、参加投标竞争的公路工程施工单位。投标人应当具备招标文件规定的资格条件，具有承担所投标项目的相应能力。

②施工单位可以独立投标，也可组成联合体参加公路工程施工投标。联合体各成员单位都应当具备招标文件规定的相应资质条件。由同一专业施工单位

组成的联合体，按照资质等级较低的单位确定资质等级。

③投标文件应当由投标人密封，并按照招标文件规定的时间、地点和方式送达招标人。

④投标人参加投标，不得弄虚作假，不得与其他投标人互相串通投标，不得采取贿赂以及其他不正当手段谋取中标，不得妨碍其他投标人投标。

三、开标、评标和中标

①开标时间应当与招标文件中确定的提交投标文件截止时间一致。开标地点应当是招标文件中预先确定的地点，不得随意变更。

②开标应当公开进行。

③开标时，由投标人或者其推选的代表检查投标文件的密封情况，也可以由招标人委托的公证机构检查并予以公证。招标人设有标底的，应当同时公布标底。

④招标人应当记录开标过程，并存档备查。

⑤评标由招标人依法组建的评标委员会负责。

⑥评标委员会成员名单在中标结果确定前应当保密。

⑦评标委员会成员应当客观、公正地履行职责，遵守职业道德，对所提出的评审意见承担责任。任何单位和个人不得非法干预、影响评标过程和结果。

⑧公路工程施工招标的评标方法可以使用合理低价法、最低评标价法、综合评估法和双信封评标法以及法律、法规允许的其他评标方法。公路工程施工招标评标，一般应当使用合理低价法。使用世界银行、亚洲开发银行等国际金融组织贷款的项目和工程规模较小、技术含量较低的工程，可使用最低评标价法。

⑨招标人应当将评标结果在招标项目所在地省级交通主管部门政府网站上公示，接受社会监督。公示时间不少于7日。

⑩招标人确定中标人后，应当向中标人发出中标通知书，并同时将中标结果通知所有未中标的投标人。招标人应当自确定中标人之日起15日内，将评标报告报交通部（国家主干线和国家高速公路网建设项目）或县级以上地方人民政府交通主管部门（其他公路建设项目）进行备案。

⑪招标人和中标人应当自中标通知书发出之日起30日内订立书面公路工程施工合同。

⑫公路工程施工合同应当按照招标文件、中标人的投标文件、中标通知书订立。

⑬招标人应当自订立公路工程施工合同之日起 5 个工作日内,向中标人和未中标的投标人退还投标保证金。由于中标人自身原因放弃中标,招标文件约定放弃中标不予返还投标保证金的,中标人无权要求返还投标保证金。

第二节　道路施工项目合同管理

随着市场经济机制的发育和完善,政府管理部门应打破传统观念束缚,转变政府职能,更多地应用法律、法规和经济手段调节和管理市场,而不是用行政命令干预市场;承包商作为交通工程市场的主体,在进行交通工程生产与管理活动时,必须按照市场规律要求,健全和完善内部各项管理制度,其中合同管理制度是其管理制度的关键内容之一。

随着交通工程市场机制的健全和完善,施工合同必将成为调节业主和承包商经济活动关系的法律依据。加强建设工程施工合同的管理,是社会主义市场经济规律的必然要求。

合同管理是建设工程项目管理的重要内容之一。

建设工程施工合同有施工总承包合同和施工分包合同之分。施工总承包合同的发包人是建设工程的建设单位或取得建设项目总承包资格的项目总承包单位,在合同中一般称为业主或发包人。施工总承包合同的承包人是承包单位,在合同中一般称为承包人。

施工分包合同又有专业工程分包合同和劳务作业分包合同之分。分包合同的发包人一般是取得施工总承包合同的承包单位,在分包合同中一般仍沿用施工总承包合同中的名称,即仍称为承包人。而分包合同的承包人一般是专业化的专业工程施工单位或劳务作业单位,在分包合同中一般称为分包人或劳务分包人。

在国际工程合同中,业主可以根据施工承包合同的约定,选择某个单位作为指定分包商,指定分包商一般应与承包人签订分包合同,接受承包人的管理和协调。

道路工程的各类型合同按中华人民共和国交通运输部《公路工程标准施工招标文件》(交公路发〔2009〕221 号)的规定执行。

一、施工项目合同管理的定义与任务

（一）合同的定义

根据 2020 年颁布的《中华人民共和国民法典》（以下简称《民法典》），合同是民事主体之间设立、变更、终止民事法律关系的协议。

（二）合同管理的定义与原则

合同管理是指国家合同管理机关和经济组织依照《民法典》规定的管理限权，管理合同的范围、内容、方法和组织形式的总称。

合同管理的原则：

a. 统一管理与分工管理相结合的原则；
b. 正确处理国家、企业和个人三者利益的原则；
c. 指导与监督同时并举的原则。

（三）施工项目合同管理的含义与管理模式

1. 施工项目管理的含义

施工项目合同管理是指参与施工项目的各方当事人为完成施工项目依照施工项目合同设立、变更、终止民事权利义务关系所从事的计划、组织、控制和激励的活动。它包括以下三个方面的含义：

①施工项目合同管理的主体。道路工程施工合同的当事人只有发包人和承包人，但在合同的实施和管理中除了前面所指的特定管理主体外，还涉及各个方面的关系人。例如，发包人有他的咨询公司、监理公司、发包人代表，承包人有他的项目经理和项目经理部、分包人、联合体的合伙人、各类材料和设备供应人，在发包人和承包人之间还有政府机关、质量监督站、银行和保险公司，等等。因此要处理好与工程实施有关各方的关系，这些关系实际上是指工程承包与分包、劳务雇佣、代理、买卖、运输、保管、租赁、技术、担保、借贷、税务和保险等多方面的法律关系。

②施工项目合同管理的客体即公路工程施工项目。
③施工项目合同管理的内容主要包括计划、组织、控制和激励等活动。

2. 施工项目合同的两级管理

施工项目合同管理组织一般实行企业、项目经理部两级管理。

（1）企业的合同管理

企业设立专职合同管理部门，在企业经理授权范围内负责制定合同管理制度、组织全企业所有施工项目的各类合同的管理工作；编写本企业施工项目分包、材料供应统一合同文本，参与重大施工项目的投标、谈判、签约工作；定期汇总合同的执行情况，向经理汇报、提出建议；负责基层上报企业的有关合同的审批、检查、监督工作，并给予必要的指导与帮助。

（2）施工项目经理部的合同管理

项目经理为项目总合同、分合同的直接执行者和管理者。在谈判签约阶段，预选的项目经理应参加项目合同的谈判工作，经授权的项目经理可以代表企业法人签约；项目经理还应亲自参与或组织本项目有关合同及分包合同的谈判和签署工作。

项目经理部设立专门的合同管理人员，负责本部所有合同的报批、保管和归档工作；参与选择分包商的工作，在项目经理授权后负责分包合同起草、洽谈，制定分包的工作程序，以及总合同变更合同的洽谈，资料的收集，定期检查合同的履约工作；负责须经企业经理签字方能生效的重大施工合同的上报审批手续等工作；负责监督分包商履行合同的工作，以及向业主、监理工程师、分包单位发送涉及合同问题的备忘录、索赔单等文件。

（五）施工项目合同管理与法律的关系

合同的订立、履行、变更、解除、终止和转让，它们都是法律行为。因此，必须要依法进行上述行为，只有依法订立的合同或依法实施的合同，才是有效的合同，才能受法律的保护。

（六）施工项目合同管理的任务

施工项目合同管理的任务是根据法律、政策的要求，运用指导、组织、检查、考核、监督等手段，促使当事人依法签订合同，全面实际地履行合同，及时妥善地处理合同争议和纠纷，不失时机地进行合理索赔，预防发生违约行为，避免造成经济损失，保证合同目标顺利实现，从而提高企业的信誉和竞争能力。

二、施工项目合同管理的过程

（一）合同的订立

合同订立的程序为市场调查、建立联系、表明合作意愿、投标报价、协商谈判、签署书面合同、鉴证与公证。

（二）道路工程施工项目承包合同的内容

道路工程施工项目承包合同应当采用书面形式、合同的内容一般应包括以下条款：

①当事人的名称或者姓名和住所。

②标的。标的指经济合同当事人双方的权利、义务共同所指的对象，道路项目承包合同的标的是工程项目施工任务。

③数量。在道路项目承包合同中的工程量清单可以看成标的数量。

④质量。质量即合同标的质量标准、技术要求或服务条件，如在道路项目中所使用的交通部颁布的《公路工程质量检验评定标准　第一册　土建工程》（JTG F80/1—2017）。

⑤价款或者报酬。价款或者报西州是取得标的物者或接受劳务者一方，向对方支付的酬金。在道路项目中，一般按概（预）算定额计价，同时还应规定索赔的条件和索赔的计价方式。

⑥履行期限、地点和方式。合同期限包括签订期限、有效期限和履行期限。在公路项目中，合同期限主要包括开工日期、工期要求、保修期限等。道路施工的合同履行地点就是设计文件所规定的地点，当事人无法用协商的方法来加以变更。合同履行方式有完成任务的方式、价款支付方式、包装和验收方式。

⑦违约责任。由于当事人一方或双方的疏忽或过错，造成合同不能履行或不能完全履行时，违约方必须承担责任。

⑧解决争议的方法。对于道路项目，解决争议的方法有监理工程师的裁定、协商解决、仲裁机关的仲裁和向人民法院提起诉讼。

（三）合同的履行

合同生效后，当事人应本着遵纪守法、诚实信用、协作履行的原则，严格按照合同规定的标的及内容来全面履行合同。合同生效后，若当事人就质量、价款或者报酬、履行地点等内容没有约定或者约定不明确的，可以协议补充。不能达成补充协议的，可适用下列规定：

①质量要求不明确的，按照国家标准→行业标准→地方标准→企业标准执行，且均应选用最新标准。

②价款或者报酬不明确的，除应依法执行政府定价或指导价以外，还可按照订立合同时履行地的市场价格履行。

③履行地点不明确时，争议标的为给付货币的，接受货币一方所在地为合同履行地；交付不动产的，不动产所在地为合同履行地；其他标的，履行义务

一方所在地为合同履行地。

④履行方式不明确的，按照有利于实现合同目的的方式履行。

⑤履行费用的负担不明确的，由履行义务一方负担。

合同生效后，当事人不得因姓名、名称或者法定代表人、负责人、承办人的变动而不履行合同义务。

（四）合同的变更和转让

当事人协商一致后，可以变更合同。法律、行政法规规定变更合同应当办理批准、登记等手续的，依照其规定执行。但当事人对合同变更的内容约定不明确的，推定为未变更。

债权人可以将合同权利全部或者部分转让给第三人，但有下列情形之一的除外：

a. 据合同性质不得转让；

b. 照当事人约定不得转让；

c. 照法律规定不得转让。

债权人转让权利的，应当通知债务人，否则，该转让对债务人不发生效力。债务人转让权利的通知除经受让人同意外不得撤销。

合同变更一般由工程师提出变更指令，它不同于合同示范文本的"工程变更"或"工程设计变更"。后者由发包人提出并报规划管理部门和其他有关部门重新审查批准。

合同变更的原因包括工程量增减、资料及特性改变、工程标高、基线、尺寸等改变，以及设备、材料和服务的变更等。

（五）合同的解除和终止

当事人协商一致，可以解除合同，合同解除后，尚未履行的，终止履行；已经履行的，根据履行情况和合同性质，当事人可以要求恢复原状、采取其他补救措施，并有权要求赔偿损失。

有下列情况之一的，合同的权利义务终止：

a. 债务已经按照约定履行；

b. 合同解除；

c. 债务相互抵销；

d. 债务人依法将标的物提存；

e. 债权人免除债务；

f. 债权债务同归于一人；

g. 法律规定或者当事人约定终止的其他情形。

合同终止后,当事人应当遵循诚实信用原则,根据交易习惯履行通知、协助、保密等义务。

(六) 合同的违约

1. 定义

违约是指合同当事人不履行合同或者履行合同义务不符合约定条件。其实质是侵害合同所产生的民事责任——违约责任。

2. 违约的特点

①违约责任只能在合同当事人之间产生,合同当事人是特定的并且必须是具有民事行为能力的人。

②违约必须以存在有效的合同关系为前提。

③违约的后果,除由法律规定外,还可以由当事人在合同中约定。

④违约的构成要件:一是当事人之间有有效合同的存在;二是当事人在客观上要有不履行合同义务或履行合同义务不符合约定条件的事实。

3. 违约责任的分类

①以违约责任的成立是否以过错为要件作为标准,违约责任可分为过错责任和无过错责任。

过错责任是指行为人因过错致使其违反合同义务时依法应承担的责任。

无过错责任是指无论合同当事人主观上是否有过错,只要合同当事人有违约行为就要承担违约责任。

②以承担违约责任的当事人的数量为标准,违约责任可以分为单独责任和共同责任。

单独责任是指违约方仅为一人时依法应由其本人完全承担的民事责任。

共同责任分为按份责任和连带责任。

③按承担违约责任是当事人一方还是双方的不同,违约责任可以分为单方责任和混合责任。

单方责任:指违约责任一方向守约一方所承担的责任。

混合责任:指当事人双方对违约责任均有过错,各自依据过错程度按比例共同承担的责任。

4. 违约行为的分类

在履行施工合同过程中,主要的违约行为如下:

(1) 发包人违约

①发包人不按合同约定支付各项价款,或工程师不能及时给出必要的指令、

确认,致使合同无法履行的,发包人应承担违约责任,并应赔偿因其违约给承包人造成的直接损失,延误的工期相应顺延。

②发包人未按合同规定的时间和要求提供材料、场地、设备、资金、技术资料的,承包人可以顺延竣工日期,并有权要求赔偿停工等损失。

③因发包人的原因致使工程中途停建、缓建的,发包人应采取措施弥补或减少损失,同时应赔偿承包人因停工、窝工、返工和倒运、人员、机械设备调迁、材料和构件积压等损失和实际费用。

④工程未经竣工验收,发包人提前使用或擅自动用,由此发生的质量问题或其他问题,由发包人自己负责。

⑤发包人超过承包合同规定的日期验收的,按合同的违约责任条款的规定,发包人应偿付逾期违约金。

(2)承包人违约

①承包工程质量不符合合同规定的,承包人负责无偿修理和返工。由于修理和返工造成逾期交付的,承包人应偿付逾期违约金。

②承包工程的交工时间不符合合同规定的期限的,承包人应按合同中违约责任条款,偿付逾期违约金。

③因承包人的原因,造成发包人提供的材料、设备等丢失或损坏的,承包人应承担赔偿责任。

5.违约责任处理原则

①违约责任应按"严格责任原则"处理,无论合同当事人主观上是否有过错,只要合同当事人有违约事实,特别是有违约行为并造成损失的,就要承担违约责任。

②在订立合同时,双方应当在专用条款内约定发(承)包人赔偿承(发)包人损失的计算方法或者发(承)包人应当支付违约金的数额和计算方法。

③当事人一方违约后,另一方可按双方约定的担保条款,要求提供担保的第三方承担相应责任。

④当事人一方违约后,另一方要求违约方继续履行合同时,违约方承担继续履行合同、采取补救措施或者赔偿损失等责任。

⑤当事人一方违约后,对方应当采取适当措施防止损失的扩大,否则不得就扩大的损失要求赔偿。

⑥当事人一方因不可抗力不能履行合同时,应对不可抗力的影响部分(或者全部)免除责任,但法律另有规定的除外。当事人延迟履行后发生不可抗力的,不能免除责任。

第三节　道路施工项目风险管理

一、风险的含义

由于风险定义的角度不同，因而有不同的解释，但常用的解释如下：

①风险是指未来损失的不确定性，即风险由不确定性和损失两个要素构成。

②风险是在一定条件下，一定时期内，某一件预期结果与实际结果间的变动程度。变动程度越大，风险越大；反之，则越小。

二、项目风险管理

项目风险管理指通过风险识别、风险分析和分析评价去认识项目的风险，以此为基础合理地使用各种风险应对措施、管理方法、技术和手段对项目的风险实行有效的控制，妥善处理风险事件造成的不利后果，以最少的成本保证项目总体目标实现的管理过程。

三、风险管理与项目管理的关系

风险管理是整个项目管理的一部分，其目的是保证总目标的实现。

①从项目的时间、质量和成本目标来看，风险管理与项目管理的目标是一致的，即通过风险管理可以降低项目进度、质量和成本方面的风险，实现项目管理目标。

②从项目范围管理来看，项目管理范围的主要内容包括界定项目范围和对项目范围变动的控制。通过界定项目范围，可以将项目的任务细分为更具体、更便于管理的部分，避免遗漏而产生风险。在项目进行过程中，各种变更是不可避免的，变更会带来新的不确定性，风险管理可以通过对风险的识别、分析来评价这些不确定性，从而为项目范围管理提出任务。

③从项目计划的职能来看，风险管理为项目计划的制订提供了依据。项目计划考虑的是未来，而未来必然存在着不确定因素。风险管理的职能之一是减少项目整个过程中的不确定性，这有利于计划的准确执行。

④从项目沟通控制的职能来看，项目沟通控制主要是对沟通体系进行监控，特别要注意经常出现误解和矛盾的职能及组织间的接口，这些可为风险管

理提供信息，反过来，风险管理中的信息又可通过沟通体系传输到相应的部门和人员。

⑤从项目实施过程来看，不少风险都是在项目实施过程中由潜在变为现实的。风险管理就是在风险分析的基础上，拟定出具体应对措施，以消除、缓和、转移风险，利用有利机会避免产生新的风险。

四、风险识别

风险识别是风险管理的基础。风险识别是指风险管理人员在收集资料和调查研究之后，运用各种方法对尚未发生潜在风险以及客观存在的风险进行系统归类和全面识别。风险识别的主要内容：识别引起风险的主要因素，识别风险的性质，识别风险可能引起的后果。

施工项目风险识别包括：

①费用超支风险。在施工过程中，通货膨胀、环境、新的规定等使工程施工的实际费用超出原来的预算。

②工期拖延的风险。在施工过程中，设计错误、施工能力差、自然灾害等使项目不能按期建成。

③质量风险。在施工过程中原材料、构配件质量不符合要求，技术员或操作人员水平不高，违反操作规程等使项目出现质量问题。

④技术风险。在施工项目中，采用的技术不成熟，或采用新技术、新设备、新工艺时未掌握要点使项目中出现质量问题。

⑤资源风险。在项目施工中，因人力、物力、财力不能按计划供应而影响项目顺利进行时造成的损失。

⑥自然灾害和意外事故风险。

⑦财务风险。业主因经济状况不佳而拖欠工程款致使工程无法顺利进行，或由于意外使项目取得外部贷款发生困难，或已接受的贷款因利率过高而无法偿还。

五、风险评估

风险评估是项目风险管理的第二步。项目风险评估包括风险估计与风险评价两个内容。风险评估的主要任务是对风险发生概率和风险事件后果进行估计和评价。

①对风险发生概率的估计和评价。风险概率是指某一风险发生的可能性，

风险概率分布应当根据历史资料和数据来确定。当没有足够的历史资料来确定风险事件的概率分布时，可以利用理论概率分布进行风险估计。常用的风险概率分布是正态分布。

②对风险事件后果的估计和评价。风险事故造成的损失大小要从三个方面来衡量：风险损失的性质、风险损失的范围大小和风险损失的时间分布。

六、风险应对计划

规划风险应对是针对风险识别和量化的结果，为提高实现项目目标的机会、降低风险的负面影响而制定风险应对策略和应对措施的过程。风险应对方法如下：

（1）回避风险

考虑到风险事件的存在和发生的可能性，主动放弃或拒绝实施可能导致风险损失的方案，这样可以直接消除风险损失。回避风险具有简单、易行、全面、彻底的优点，能将风险的概率保持为零，从而保证项目的安全运行。

（2）转移风险

转移风险，是指一些单位和个人为避免承担风险损失，而有意识地将损失或与损失有关的财务后果转嫁给另外的单位或个人去承担的一种风险管理方式。转移的风险形式如下：

①控制型非保险转移：转移的是损失的法律责任，它通过合同和协议，消除或减少转让人对受让人的损失责任和对第三者的损失责任。

②财务型非保险转移：转让人通过合同或协议中的免责约定、担保等条款来寻找外来资金补偿其损失。

③保险：通过专门的机构，根据有关法律，运用大数法则，签订保险合同，当发现事故发生时，就可以获得保险公司的补偿，从而将风险转移给保险公司。

（3）损失控制

损失控制是指损失发生前消除损失可能发生的根源，减少损失事件的频率，在风险事件发生后减少损失的程度。例如，在损失发生前可以采取工程技术手段、安全教育等方法给予预防，在事件发生时或发生后，可以采用划分风险单位、减少损失幅度或增加风险单位等方法来控制损失的增加。

（4）自留风险

自留风险，又称承担风险，它是一种由项目组织自己来承担风险事故所致损失的措施。

七、风险监控

风险监控就是跟踪与识别风险，监视剩余风险和识别新的风险，保证风险计划的执行，并评估消减风险的有效性。

风险监控是建立在项目风险的阶段性、渐进性和可控性基础上的一种管理工作。人们通过对项目风险的识别和分析，以及对风险信息的收集，就可以采取正确的风险应对措施来实现对项目风险的有效控制。

第四节 道路施工项目索赔

一、索赔的概念

索赔是指在经济活动中，合同当事人一方因对方违约，或其他过错，或无法防止的外因而受到损失时，要求对方给予赔偿或补偿的活动。

二、施工索赔

在施工项目合同管理中的施工索赔，一般是指承包商（或分包商）向业主（或总承包商）提出的索赔，而把业主（或总承包商）向承包商（或分包商）提出的索赔称为反索赔，广义上统称索赔。

施工索赔是指承包商由于非自身原因，发生合同规定之外的额外工作或损失时，向业主提出费用或时间补偿要求的活动。

三、施工中通常可能发生的索赔事件

在施工过程中，通常可能发生的索赔事件主要包括：

①业主没有按合同规定的时间交付设计图纸数量和资料，未按时交付合格的施工现场等，造成工程拖延和损失。

②工程地质条件与合同规定、设计文件不一致。

③业主或监理工程师变更原合同规定的施工顺序，扰乱了施工计划及施工方案，使工程数量有较大增加。

④业主指令提高设计、施工、材料的质量标准。

⑤由于设计错误或业主、工程师错误指令，造成工程修改、返工、窝工等损失。

⑥业主和监理工程师指令增加额外工程，或指令工程加速。

⑦业主未能及时支付工程款。

⑧物价上涨，汇率浮动，造成材料价格、工人工资上涨，承包商蒙受较大损失。

⑨国家政策、法令修改。

⑩不可抗力因素。

四、施工索赔的分类

工程索赔依据不同的标准可以进行不同的分类。

（一）按索赔的合同依据分类

按索赔的合同依据可以将工程索赔分为合同中明示的索赔和合同中默示的索赔。

①合同文件中有文字依据，承包人可以据此提出索赔要求，并取得经济补偿。这些在合同文件中有文字规定的合同条款，称为明示条款。

②条款中没有专门的文字叙述，但可以根据该合同的某些条款的含义，推论出承包人有索赔权。这种索赔要求，同样有法律效力，有权得到相应的经济补偿。

（二）按索赔有关当事人之间的关系分类

按索赔有关当事人之间的关系可以将工程索赔分为承包人同业主之间的索赔、总承包人同分包人之间的索赔和承包人同供货人之间的索赔。

①承包人同业主之间的索赔。这是工程承包施工中最普遍的索赔形式。最常见的是承包人向业主提出的工期索赔和费用索赔；有时，业主也向承包人提出经济赔偿的要求，即"反索赔"。

②总承包人同分包人之间的索赔。总承包人和分包人，按照他们之间所签订的分包合同，都有向对方提出索赔的权利，以维护自己的利益，获得额外开支的经济补偿。分包人向总承包人提出的索赔要求，经过总承包人审核后，凡是属于业主方面责任范围内的事项，均由总承包人汇总编制后向业主提出；凡属总承包人责任的事项，则由总承包人同分包人协商解决。

③承包人同供货人之间的索赔。承包人在中标以后，根据合同规定的机械

设备和工期要求，向设备制造厂家或材料供应人询价订货，签订供货合同。

供货合同一般规定供货商提供的设备的型号、数量、质量标准和供货时间等具体要求。如果供货人违反供货合同的规定，使承包人受到经济损失时，承包人有权向供货人提出索赔，反之亦然。

（三）按索赔目的分类

按索赔目的可以将工程索赔分为工期索赔和费用索赔。

①工期索赔。非承包人责任的原因而导致施工进程延误，要求批准顺延合同工期的索赔，人们通常称之为工期索赔。工期索赔形式上是对权利的要求，以避免在原定合同竣工日不能完工时，被发包人追究拖期违约责任。一旦获得批准合同工期顺延后，承包人不仅免除了承担拖期违约赔偿费的严重风险，而且可能因提前工期而得到奖励，最终仍反映在经济收益上。

②费用索赔。费用索赔的目的是要求经济补偿。当施工的客观条件改变导致承包人增加开支时，承包人有权要求对超出计划成本的附加开支给予补偿，以挽回不应由他承担的经济损失。

（四）按索赔事件所处合同状态分类

按索赔事件所处合同状态可将工程索赔分为正常施工索赔、工程停（缓）建索赔和解除合同索赔。

①正常施工索赔。这是工程承包施工中最普遍的索赔形式。最常见的是在施工中承包人向业主提出的工期索赔和费用索赔。

②工程停（缓）建索赔。由于某种原因，如不可抗力因素影响、发包人违约，使工程被迫在竣工前停止实施并不再继续进行或中断实施，使承包人蒙受经济损失，由此提出的索赔就是工程停（缓）建索赔。

③解除合同索赔。解除合同索赔是指在合同履行当中，因合同约定当事人一方原因造成合同解除使对方受到经济损失而造成的索赔。

（五）按索赔依据的范围分类

按索赔依据的范围可将工程索赔分为合同内索赔、合同外索赔和道义索赔。

①合同内索赔。索赔以合同条文作为依据，发生了合同规定给承包人以补偿的干扰事件，承包人根据合同规定提出索赔要求。这是最常见的索赔形式。

②合同外索赔。工程施工过程中发生的干扰事件的性质已经超过合同范围，在合同中找不出具体的依据时，一般应根据适用于合同关系的法律来解决索赔问题。

③道义索赔。由于承包人失误（如报价失误、环境调查失误等），或发生承包人应负责的风险而造成承包人重大的损失而提出的索赔称为道义索赔。

（六）按索赔的处理方式分类

按索赔的处理方式可将工程索赔分为单向索赔和综合索赔。

①单向索赔。单项索赔是针对某一干扰事件提出的。索赔的处理是在合同实施过程中，干扰事件发生时，或发生后立即进行。它由合同管理人员处理，并在合同规定的索赔有效期内向发包人提交索赔意向书和索赔报告。

②综合索赔。综合索赔又叫一揽子索赔或总索赔。这是在国际工程中经常采用的索赔处理和解决方法。一般在工程竣工前，承包人将工程过程中未解决的单项索赔集中起来，提出一份总索赔报告。合同双方在工程交付前或交付后进行最终谈判，以一揽子方案解决索赔问题。

（七）按索赔中合同主从关系分类

按索赔中合同主从关系可将工程索赔分为工程承包合同的索赔和工程承包合同从属合同的索赔。

①工程承包合同的索赔。索赔以承包合同作为依据，发生了合同规定给承包人以补偿的干扰事件，承包人根据合同规定提出索赔要求。

②工程承包合同从属合同的索赔。从属合同是指必须以他种合同的存在为前提，自身不能独立存在的合同。索赔以承包合同从属合同作为依据，发生了承包合同从属合同规定给承包人以补偿的干扰事件，承包人根据合同规定提出索赔要求。

（八）按索赔管理策略主动性分类

按索赔管理策略主动性可将工程索赔分为索赔和反索赔。

①索赔。索赔一般是指承包人向业主提出的工期和费用索赔。

②反索赔。反索赔通常是指业主向承包人提出的索赔。

（九）按引起索赔的原因分类

按引起索赔的原因可将工程索赔分为合同违约索赔、工程量增减索赔、第三方因素或不可预见不可抗力因素索赔、工程停（缓）建或加速施工索赔、政策法规变更索赔。

①合同违约索赔。在合同履行当中，当事人一方违约或未履行合同所规定的义务造成的索赔称为合同违约索赔。

②工程量增减索赔。由于发包人或工程师指令修改设计、增加或减少工程量、增加或删除部分工程、修改实施计划、变更施工次序，造成工期延长和费用损失，承包人对此提出的索赔称为工程量增减索赔。

③第三方因素或不可预见不可抗力因素索赔。在施工过程中发生了意外事

件时，应按照合同的有关约定给予承包商一定费用补偿或批准延长工期。

④工程停（缓）建或加速施工索赔。由于某种原因，发包人违约，使工程被迫在竣工前停止实施，使承包人蒙受经济损失，或工程师指令提前竣工使承包方造成额外的经济支出，承包人对此提出的索赔即工程停（缓）建或加速施工索赔。施工加速索赔经常是延期或工程变更索赔的结果，有时也被称为"赶工索赔"，而施工加速索赔与劳动生产率的降低关系极大，因此又被称为劳动生产率损失索赔。

⑤政策法规变更索赔。国家政策及法律、法令变更，通常是指直接影响到工程造价的某些政策及法律、法令的变更，比如限制进口、外汇管制或税收及其他收费标准的提高。

五、工程索赔原则

①根据招标文件及合同要求中有关规定提出索赔意向书，意向书中应包含索赔桩号（结构物名称）、索赔事由及依据、事件发生起算日期和估算损失，无须附有详细的计算资料和证明。这样，使监理工程师通过意向书就可以对整个事件的起因、地点及索赔方向有大致了解。

②索赔意向书递交监理工程师后应经主管监理工程师签字确认，必要时施工单位负责人、现场负责人及现场监理工程师、主管监理工程师要一起到现场核对。

③索赔意向书送交监理工程师签字确认后要及时收集证据，收集的证据要确凿，理由要充分；所有工程费用和工期索赔应附有现场工程监理工程师认可的记录和计算资料及相关的证明材料。

六、索赔的具体操作步骤

（一）施工阶段常见索赔项目种类及起止日期计算方法

①延期发出图纸引起的索赔。当接到中标通知书后28天之内，施工单位有权得到免费由业主或其委托的设计单位提供的全部图纸、技术规范和其他技术资料，并且向施工单位进行技术交底。如果在28天之内未收到监理工程师送达的图纸及其相关资料，施工单位应依照合同提出索赔申请，接中标通知书后的第29天为索赔起算日，收到图纸及相关资料的日期为索赔结束日。由于为施工前准备阶段，该类项目一般只进行工期索赔，相应施工机械进场，达到施工程度因未有详细图纸不能进行施工时应进行机械停滞费用索赔。

②恶劣的气候条件导致的索赔。该类赔偿分为工程损失索赔及工期索赔。

业主一般对在建项目进行投保，故由恶劣天气影响造成的工程损失可向保险机构申请损失费用，在建项目未投保时，应根据合同条款及时进行索赔。该类索赔的计算方法：在恶劣气候条件开始影响的第一天为起算日，恶劣气候条件终止日为索赔结束日。

③工程变更导致的索赔。工程变更包括工程施工项目已进行施工又进行变更、工程施工项目增加或局部尺寸、数量变化等。该类索赔的计算方法：施工单位收到监理工程师书面工程变更指令或业主下达的变更图纸日期为起算日，变更工程完成日为索赔结束日。

④以承包商之能力不可预见引起的索赔。由于在工程投标时图纸不全，有些项目承包商无法做出正确计算，如地质情况，软基处理等，该类项目一般发生的索赔工程数量增加或需重新投入新工艺、新设备等。该类索赔的计算方法：在承包商未预见的情况开始出现的第一天为起算日，终止日为索赔结束日。

⑤由外部环境而引起的索赔：属业主原因，由外部环境影响（如征地拆迁、施工条件、用地的出入权和使用权等）而引起的索赔。根据监理工程师批准的施工计划影响的第一天为起算日。经业主协调或外部环境影响自行消失日为索赔事件结束日。该类项目一般进行工期及工程机械停滞费用索赔。

⑥监理工程师指令导致的索赔。该类索赔的计算方法：以收到监理工程师书面指令时为起算日，按其指令完成某项工作的日期为索赔事件结束日。

⑦其他原因导致的施工单位的索赔，视具体情况确定起算和结束日期。

（二）同期记录

①索赔意向书提交后，就应从索赔事件起算日起至索赔事件结束日止，要认真做好同期记录，每天均应有记录，还应有现场监理工程人员的签字；索赔事件造成现场损失时，还应注意现场照片、录像资料的完整性，且粘贴打印说明后请监理工程师签字。否则在理赔时难以成为有利证据。

②同期记录的内容包括：索赔事件发生时及过程中现场实际状况；索赔事件导致现场人员、设备的闲置清单；索赔事件对工期的延误；索赔事件对工程的损害程度；索赔事件导致费用增加的项目及所用的人员、机械、材料数量、有效票据；等。

（三）提交详细报告

在索赔事件的进行过程中（每隔一星期，或更长时间，或视具体情况由监理工程师而定），承包人应向监理工程师提交索赔事件的阶段性详细情况报告，说明索赔事件目前的损失款额影响程度及费用索赔的依据。同时将详细情况报告抄送、抄报相关单位。

（四）提交最终索赔报告

当索赔事件所造成的影响结束后，施工单位应在合同规定的时间内向监理工程师提交最终索赔详细报告，并同时抄送、抄报相关单位。

最终报告应包括以下内容：

①施工单位的正规性文件。

②索赔申请表。

③索赔依据。索赔依据一般包括在建工程技术规范、施工图纸、业主与施工单位签订的工程承包协议、业主对施工单位施工进度计划的批复、业主下达的变更图纸、变更令及大型工程项目技术方案的修改等。

④索赔证明文件。索赔证明文件包括业主下达的各项往来文件及施工单位在施工过程中收集到的各项有利证据，如会议记录、往来信函、气相资料、施工备忘录、工程照片及影音资料、记工及考勤记录、施工进度记录、工程会计资料等。

⑤索赔金额及工期的计算资料。索赔金额及工期的计算一般参照承包单位与业主签订合同中包含的工程量清单、预算定额、定额编制办法、机械台班单价、地方下达的定额补充编制办法及业主、总监下达的有关文件。

⑥批复的索赔意向书。

⑦索赔报告。

七、索赔的管理

①认真对待索赔事件。

②建立、健全工程索赔台账或档案。索赔由于引起费用或工期增加，故往往成为上级主管单位复查对象。索赔台账应反映索赔发生的原因、索赔发生的时间、索赔意向提交时间、索赔结束时间、索赔申请工期和金额、监理工程师审核结果、业主审批结果等内容。

③从事索赔工作的人员要精通工程业务，并做好原始记录及保管工作。

④要讲究方法，注意策略，从全局出发，在谈判中要刚柔结合，以理服人。

⑤注意搞好同业主、监理工程师的关系以创造索赔的平和气氛。

随着工程招、投标制度的不断完善及业主、监理、施工单位管理章程进一步健全，索赔工作也逐步步入正常轨道，只要我们充分理解施工图纸、技术规范及业主、监理、施工单位签订的合同协议和各项往来性文件，在索赔工作中做到有理、有据，将会有更多的索赔项目被受理或批复。

第七章 道路施工项目安全管理与环境管理

第一节 道路施工项目安全管理与环境管理概述

随着人类社会进步和科技发展，职业健康安全与环境的问题越来越受关注。为了保证劳动者在劳动生产过程中的健康安全和保护人类的生存环境，必须加强职业健康安全与环境管理。

一、职业健康安全管理体系标准与环境管理体系标准

（一）职业健康安全管理体系标准

职业健康安全管理体系是企业总体管理体系的一部分。作为我国推荐性标准的职业健康安全管理体系标准，目前已被企业普遍采用，用以建立职业健康安全管理体系。该标准覆盖了国际上的 ISO 45001 体系标准，即《职业健康安全管理体系 要求及实施指南》（ISO 4001：2018）。

根据《职业健康安全管理体系 要求及使用指南》（ISO 4001：2018）的定义，职业健康安全是指影响或可能影响工作场所内的员工或其他工作人员（包括临时工和承包方员工）、访问者或任何其他人员的健康安全的条件和因素。

（二）环境管理体系标准

随着全球经济的发展，人类赖以生存的环境不断恶化。20 世纪 80 年代，联合国组建了世界环境与发展委员会，提出了"可持续发展"的观点。国际标准化组织制定的 ISO 14000 体系标准，被我国等同采用，如《环境管理体系 要求及使用指南》（GB/T 24001—2016）、《环境管理体系原则、体系和

支持技术通用指南》（GB/T 24004—2004）。

在《环境管理体系要求及使用指南》（GB/T 24001—2016）中，环境是指"组织运行活动的外部存在，包括空气、水、土地、自然资源、植物、动物、人，以及它（他）们之间的相互关系"。这个定义是以组织运行活动为主体，其外部存在主要是指人类认识到的、直接或间接影响人类生存的各种自然因素及其相互关系。

（三）职业健康安全与环境管理体系标准的比较

职业健康安全管理和环境管理都是组织管理体系的一部分，其管理的主体是组织，管理的对象是一个组织的活动、产品或服务中能与职业健康安全发生相互作用的不健康、不安全的条件和因素，以及能与环境发生相互作用的要素。两个管理体系所需要满足的对象和管理侧重点有所不同，但管理原理基本相同。

职业健康安全和环境管理体系的相同点：

a. 管理目标基本一致；

b. 管理原理基本相同；

c. 不规定具体绩效标准。

职业健康安全和环境管理体系的不同点：

a. 需要满足的对象不同；

b. 管理的侧重点有所不同。

二、建设工程职业健康安全与环境管理的目的

（一）建设工程职业健康安全管理的目的

职业健康安全管理的目的是在生产活动中，通过职业健康安全生产的管理活动，对影响生产的具体因素进行状态控制，使生产因素中的不安全行为和状态尽可能减少或消除，且不引发事故，以保证生产活动中人员的健康和安全。对于建设工程项目，职业健康安全管理的目的如下：防止和尽可能减少生产安全事故、保护产品生产者的健康与安全、保障人民群众的生命和财产免受损失；控制影响或可能影响工作场所内的员工或其他工作人员（包括临时工和承包方员工）、访问者或任何其他人员的健康安全的条件和因素；避免因管理不当对工作人员的健康和安全造成危害。

（二）建设工程环境管理的目的

环境保护是我国的一项基本国策。环境管理的目的是保护生态环境，使社会的经济发展与人类的生存环境相协调。对于建设工程项目，环境保护主要是指保护和改善施工现场的环境。企业应当遵照国家和地方的相关法律法规以及行业和企业自身的要求，采取措施控制和处理施工现场的各种粉尘、废水、废气、固体废弃物以及噪声、振动对环境的污染和危害，并且要注意节约资源。

三、建设工程职业健康安全与环境管理的特点

依据建设工程产品的特性，建设工程职业健康安全与环境管理有以下特点：

（一）复杂性

建设工程职业健康安全和环境管理涉及大量的露天作业，受到气候条件、工程地质和水文地质、地理条件和地域资源等不可控因素的影响较大。

（二）多变性

一方面，项目建设现场材料、设备和工具的流动性大；另一方面，由于技术进步，项目建设不断引入新材料、新设备和新工艺，这加大了相应的管理难度。

（三）协调性

项目建设涉及的工种甚多，包括大量的高空作业、地下作业、用电作业、爆破作业、施工机械、起重作业等较危险的工程，并且各工种经常需要交叉或平行作业。

（四）持续性

项目建设一般具有建设周期长的特点，从设计、实施直至投产阶段，诸多工序环环相扣。前一道工序的隐患，可能在后续的工序中暴露，酿成安全事故。

（五）经济性

产品的时代性、社会性与多样性决定环境管理的经济性。

（六）多样性

产品的时代性和社会性决定了环境管理的多样性。

四、建设工程职业健康安全与环境管理的要求

（一）建设工程项目决策阶段

建设单位应按照有关建设工程法律法规的规定和强制性标准的要求，办理各种有关安全与环境保护方面的审批手续。对需要进行环境影响评价或安全预评价的建设工程项目，应组织或委托有相应资质的单位进行建设工程项目环境影响评价和安全预评价。

（二）建设工程设计阶段

设计单位应按照有关建设工程法律法规的规定和强制性标准的要求，进行环境保护设施和安全设施的设计，防止因设计考虑不周而导致生产安全事故的发生或对环境造成不良影响。

在进行工程设计时，设计单位应当考虑施工安全和防护需要，对涉及施工安全的重点部分和环节在设计文件中应进行注明，并对防范生产安全事故提出指导意见。

对于采用新结构、新材料、新工艺的建设工程和特殊结构的建设工程，设计单位应在设计中提出保障施工作业人员安全和预防生产安全事故的措施建议。

在工程总概算中，应明确工程安全环保设施费用、安全施工和环境保护措施费等。

设计单位和注册建筑师等执业人员应当对其设计负责。

（三）建设工程施工阶段

建设单位在申请领取施工许可证时，应当提供建设工程有关安全施工措施的资料。

对于依法批准开工报告的建设工程，建设单位应当自开工报告批准之日起15日内，将保证安全施工的措施报送建设工程所在地的县级以上人民政府建设行政主管部门或者其他有关部门备案。

对于应当拆除的工程，建设单位应当在拆除工程施工15日前，将拆除施工单位资质等级证明，拟拆除建筑物、构筑物及可能涉及毗邻建筑的说明，拆除施工组织方案，堆放、清除废弃物的措施的资料报送建设工程所在地的县级以上的地方人民政府主管部门或者其他有关部门备案。

施工企业在其生产经营的活动中必须对本企业的安全生产负全面责任。企

业的法定代表人是安全生产的第一负责人，项目经理是施工项目生产的主要负责人。施工企业应当具备安全生产的资质条件，取得安全生产许可证的施工企业应设立安全机构，配备合格的安全人员，提供必要的资源；要建立健全职业健康安全管理体系以及有关的安全生产责任制和各项安全生产规章制度；对项目要编制切合实际的安全生产计划，制定职业健康安全保障措施；实施安全教育培训制度，不断提高员工的安全意识和安全生产素质。

建设工程实行总承包的，由总承包单位对施工现场的安全生产负总责并自行完成工程主体结构的施工。分包单位应当接受总承包单位的安全生产管理，分包合同中应当明确各自在安全生产方面的权利和义务。分包单位不服从管理导致生产安全事故的，由分包单位承担主要责任，总承包和分包单位对分包工程的安全生产承担连带责任。

（四）项目验收试运行阶段

项目竣工后，建设单位应向审批建设工程项目环境影响报告书、环境影响报告或者环境影响登记表的环境保护行政主管部门申请，对环保设施进行竣工验收。环境保护行政主管部门应在收到申请环保设施竣工验收之日起30日内完成验收。验收合格后，才能投入生产和使用。

对于需要试生产的建设工程项目，建设单位应当在项目投入试生产之日起3个月内向环保行政主管部门申请对其项目配套的环保设施进行竣工验收。

五、建设工程的安全生产机制与方针

建设工程的安全生产机制：企业负责、行业管理、国家监察、群众监督。
建设工程的安全生产方针：安全第一、预防为主、综合治理。

六、我国现行的主要安全法规

安全生产法规是国家法律体系中的一个重要组成部分，是指国家关于改善劳动条件，实现安全生产，保护劳动者在生产过程中的安全健康而采取的各种措施的总和。

（一）我国现行的主要安全法规

我国现行的主要安全法规有《中华人民共和国宪法》《中华人民共和国刑法》《中华人民共和国劳动法》《中华人民共和国建筑法》《中华人民共和国安全生产法》《建设工程安全生产管理条例》，以及各行业的安全生产专业性法规等。

（二）我国现行的主要安全法规的部分内容解释

《中华人民共和国安全生产法》第一章第三条确定：安全管理，坚持"安全第一、预防为主、综合治理"的方针，同时这个方针也被写入党的十三届五中全会决议。这既是安全生产管理的法律依据，又是安全管理工作的目的。

七、建设工程安全生产管理制度

由于建设工程规模大、周期长、参与人数多、环境复杂多变，安全生产的难度很大。因此，通过建立各项制度，规范建设工程的生产行为，对于提高建设工程安全生产水平是非常重要的。

《中华人民共和国安全生产法》《安全生产许可证条例》《建设工程安全生产管理条例》《建筑施工企业安全生产许可证管理规定》等建设工程相关法律法规和部门规章对政府部门、有关企业及相关人员的建设工程安全生产和管理行为进行了全面的规范，确立了一系列建设工程安全生产管理制度。现阶段正在执行的主要安全生产管理制度包括：安全生产责任制度；安全生产许可证制度；政府安全生产监督检查制度；安全生产教育培训制度；安全措施计划制度；特种作业人员持证上岗制度；专项施工方案专家论证制度；危及施工安全工艺、设备、材料淘汰制度；施工起重机械使用登记制度；安全检查制度；生产安全事故报告和调查处理制度；"三同时"制度；安全预评价制度；意外伤害保险制度。

第二节 道路施工安全管理

一、道路工程安全管理概述

（一）安全生产和安全生产管理

1. 安全生产

安全生产是指在生产经营活动中，为保证人身健康安全，保证财产不受损失，确保生产经营活动得以顺利进行而采取的一系列措施和行动的总称。

2. 安全生产管理

建设工程安全生产管理是指建设行政主管部门、建设工程安全监督管理机构、施工企业及有关单位对建设工程安全生产过程中的安全工作，进行计划、组织、指挥、控制、监督、调节和改进等一系列致力于满足生产安全的管理活动。

道路工程安全生产管理是以保证道路工程项目建成以后以及施工过程中以安全为目的的标准化、科学化的管理。

建设工程的安全包括施工过程的安全和工程项目建成后使用的安全；其中施工过程的安全又包括未完工程施工的安全、生产人员的安全及其他安全等。施工过程（生产）的安全是主要的。因此对道路建设工程而言，道路施工过程的安全管理尤其重要，其基本任务是发现、分析和控制工程施工过程中的危险、有害因素，建立安全管理系统，制定相应的安全管理制度，对企业内部实施安全监督、检查，对各类人员进行安全知识的培训和教育，防止发生事故，减少、避免有关损失。安全生产管理是企业管理的重要组成部分，是保证安全生产的必不可少的措施。

施工过程安全生产管理的基本对象是企业的员工，涉及企业中的所有人员、设备设施、物料、环境、财务、信息等各个方面。

施工过程安全生产管理的目标包含安全控制目标、安全管理目标、工作目标三部分内容。

（1）安全控制目标

减少和控制危害，减少和控制事故，尽量避免生产过程中由事故所造成的人身伤害、财产损失、环境污染以及其他损失。

（2）安全管理目标

①及时消除重大事故隐患，一般隐患整改率达到的目标不应低于95%。

②扬尘、噪声、职业危害作业点合格率应为100%。

③保证施工现场满足当地省（市）级文明安全工地要求。

（3）工作目标

①施工现场实现全员案例教育，要求特种作业人员持证上岗率达到100%，操作人员三级安全教育率达到100%。

②按期开展安全检查活动，隐患整改达到"五定"要求，即定整改责任人、定整改措施、定整改完成时间、定整改完成人、定整改验收人。

③必须把好安全生产的"七关"要求，即教育关、措施关、交底关、防护关、文明关、验收关、检查关。

④认真开展重大安全活动和施工项目的日常安全活动。

⑤安全生产达标合格率达到100%，优良率在80%以上。

施工过程安全生产管理包括安全生产法制管理、行政管理、监督检查、工艺技术管理、设备设施管理、作业环境和条件管理等。

(二)安全生产的条件

《中华人民共和国安全生产法》中第四条规定：生产经营单位必须遵守本法和其他有关安全生产的法律、法规，加强安全生产管理，建立、健全安全生产责任制度，完善安全生产条件，确保安全生产。第二十五条规定：生产经营单位应当对从业人员进行安全生产教育和培训，保证从业人员具备必要的安全生产知识，熟悉有关的安全生产规章制度和安全操作规程，掌握本岗位的安全操作技能，了解事故应急处理措施，知悉自身在安全生产方面的权利和义务。未经安全生产教育和培训合格的从业人员，不得上岗作业。第四十一条规定：生产经营单位应当教育和督促从业人员严格执行本单位的安全生产规章制度和安全操作规程；并向从业人员如实告知作业场所和工作岗位存在的危险因素、防范措施以及事故应急措施。

交通部《公路水运工程安全生产监督管理办法》规定：从业单位从事公路水运工程建设活动，应当具备法律、行政法规规定的安全生产条件。任何单位和个人不得降低安全生产条件。

施工单位应当取得安全生产许可证，施工单位主要负责人、项目负责人、专职安全生产管理人员（以下简称"安全生产三类管理人员"）必须取得考核合格证书，方可参加公路水运工程投标及施工。

施工单位主要负责人，是指对本企业日常生产经营活动和安全生产工作全面负责、有生产经营决策权的人员，包括企业法定代表人、企业安全生产工作的负责人等。

项目负责人是指由企业法定代表人授权，负责公路水运工程项目施工管理的负责人，包括项目经理、项目副经理和项目总工程师。

专职安全生产管理人员是指在企业专职从事安全生产管理工作的人员，包括企业安全生产管理机构的负责人及其工作人员和施工现场专职安全员。

施工单位的垂直运输机械作业人员、施工船舶作业人员、爆破作业人员、安装拆卸工、起重信号工、电工、焊工等国家规定的特种作业人员，必须按照国家规定经过专门的安全作业培训，并取得特种作业操作资格证书后，方可上岗作业。

(三)道路工程施工安全管理的范围

道路工程施工安全管理的范围主要包括路基、路面、桥梁、隧道、水上、陆地、高空、爆破、电气设备等各种施工过程的安全管理。

①路基工程施工安全管理的范围包括土方施工、石方施工的安全管理等。其中各个管理方面都包含了对人的管理，对系统中的各种机械、工具等的物的管理，以及对施工环境的管理。

②路面工程施工安全管理的范围包括沥青路面工程和水泥混凝土路面工程的施工安全管理等。其中各个管理方面都包含了对施工中人员的安全管理、对施工中机械的安全管理，以及对施工环境的安全管理。

③桥梁工程施工安全管理的范围包括基桩工程、墩台工程、墩身工程、桥面工程和塔身工程的施工安全管理等。其中各个管理方面都包含了对施工中人的安全管理，对机械、工具等物的安全管理以及对施工环境的安全管理。

④隧道工程施工安全管理的范围包括隧道爆破作业施工、隧道内运输、隧道支护施工、隧道初衬施工的安全管理，以及隧道施工中通风、防尘、照明、排水以及防火、防瓦斯的安全管理等。

⑤水上工程施工安全管理的范围包括针对施工管理人员的安全管理，针对气象、水文、海域、航道等外界施工环境的安全管理，以及针对水上交通、浮吊等施工机械的安全管理。

⑥陆地工程施工安全管理的范围包括各类人员的安全培训考核、特殊工种持证上岗以及各种安全技术交底等针对人的安全管理，针对运输车辆、吊车、装载机、拌和站、摊铺机、压路机等机械、机具的安全管理，以及针对施工现场各种安全防护、标识标语等施工环境的安全管理。

⑦高空工程施工安全管理的范围包括针对高空作业人员的安全管理，针对高空作业临边防护及高空作业平台等现场环境的安全管理，以及针对高空作业机械、工具、各种用电物的安全管理。

⑧爆破工程施工安全管理的范围包括对操作人员的安全管理，对炸药、雷管、导火索以及其他爆破用器材等物的安全管理，以及对爆破现场安全距离、安全防护、安全警示等施工环境的安全管理。

⑨电气设备施工安全管理的范围包括对配电室、配电线路、施工现场配电箱与开关箱设置的安全管理，对配电箱、开关箱内的电器装置、发电机组的安全管理，对电动机械设备的安全管理，以及对施工现场照明电器的安全管理等。

（四）道路工程施工安全管理的特点

道路工程施工安全管理的特点是由道路工程产品特点、技术特点和施工特点决定的。产品特点包括：道路工程产品的固定性、体形庞大、多样性、易损性、社会性。技术特点包括：线长点多、工种复杂、形式多样、特种作业多、作业技术含量低。施工特点包括：施工流动性大，作业场所不可能永久固定，一线岗位多是短期劳动雇佣关系。施工周期长，少则几月，多则几年；施工涉及的材料、机械设备、人员、工种多；施工参与人员和单位之间协调性高；施工受自然环境和外界干扰的影响大。

（五）道路工程施工安全管理的基本原则

①安全第一，预防为主的原则。

②管生产必须管安全的原则。

③谁主管、谁负责的原则。

④计划性、系统性原则，即安全管理要进行安全目标管理。

⑤动态管理的原则，即安全管理过程是一个动态的管理过程，随着工程的进展，安全管理的内容和重点也在发生着变化。

⑥以人为本、关爱生命的原则。

⑦坚持"五同时"的原则（计划、布置、检查、总结、评比），即建筑施工企业新建、改建或扩建项目工程的安全设施必须与主体工程同时计划、同时布置、同时检查、同时总结、同时评比验收。

⑧奖励和惩罚相结合的原则。

⑨安全管理效果原则。

⑩"一票否决"的原则即对发生重特大事故的项目、部门和单位，将实行安全生产"一票否决"，取消评优评先和领导干部晋职晋级的资格。

因此，道路工程的以上特点决定了道路工程施工安全管理必须强调：建立健全安全生产管理体系，要有安全的安全生产规章制度，要注重安全管理的协调性。

（六）道路工程施工安全生产管理的现状及存在的问题

随着我国基础建设规模的不断扩大，施工技术水平得到了前所未有的提高，但影响安全生产的因素仍困扰着施工企业，威胁着企业职工和人民群众的生命财产安全。

①不规范的工程建设领域市场环境，造成施工安全生产责任不明确，阻滞了安全生产水平的提高。工程建设领域市场环境中许多不规范的市场行为是引发安全事故的潜在因素。当前存在的垫资、拖欠工程款、肢解工程和非法挂靠、违法分包等行为，使得行业管理部门在查处力度上还难以达到理想的效果，不良的市场环境势必影响安全生产管理，主要表现在一些安全生产制度、管理措施难以在施工现场落实，安全生产责任制形同虚设，总承包企业与分承包企业

（尤其是业主方指定的分包商）在现场管理上缺乏相互配合合作的机制，现场的安全设施往往因配合合作不协调而招致损坏，给安全生产留下隐患和难以预测的后果。

②竞争机制不够完善，施工企业对安全生产的投入不足。近年来，我国的招标投标方式已从无标底投标逐步过渡到合理成本价中标的方式。但合理成本价目前还缺乏可操作的认定依据，实际操作中往往演变为最低价中标，企业的平均赢利越来越薄，发展缺乏后劲，安全生产经费和投入难以保证，安全生产工作处于滑坡状态。

③道路工程施工企业的体制改革不完善使得安全产生制度的落实存在较多问题。道路工程施工企业的体制改革起始于20世纪90年代，至目前大部分企业已完成了体制改革，由于新旧体制的过渡、利益分配的再调整、思想观念的改变以及改制后制定的一些企业规章制度还需要在实际运行中不断完善，保证安全生产的一些必要条件还有待解决，提高专业技术人员素质和保证安全生产的规章制度也存在很多问题。企业项目经理往往以工程进度、施工成本为追求目标，而对提高作业人员的安全作业环境等不够重视，导致施工现场安全隐患长期得不到有效整治，施工人员在不安全的作业条件下从事生产工作，各种伤害事故随时都有可能发生。

④现场施工安全教育工作不到位，作业人员安全生产技能和自我防护意识薄弱。近年来，越来越多的农村富余劳动力参与道路工程施工建设，作业人员稳定性差、流动性大。由于体制上的不完善和管理上的滞后，大量既没有进行劳动技能培训又缺乏施工现场安全教育的务工者上岗后，对现场的不安全因素一无所知，对安全生产的重要性没有足够认识、缺乏规范作业的知识和自我防护意识，往往由于其本人的不安全行为给自己或其他操作人员带来难以预料的伤害事故。另外，人员的不稳定、流动性大，是造成现场作业人员劳动技能和安全意识始终处于低水平状态的原因之一。

⑤施工现场安全管理缺乏有效的日常监督管理机制。道路工程施工多以大中型机械为主、手工作业和体力劳动为辅，缺乏系统的、持续的安全生产管理体系。这种管理模式极容易使安全生产遭到忽视，往往以完成生产任务为目标，缺少日常监督管理体制与措施，安全生产的有关法规规章、制度不能真正得到贯彻落实，监督检查依靠突击检查，安全生产交底没有真正落实到位，从而导致管理不到位、责任难落实、有禁不止、有令不行。

⑥科技产品引入施工现场是提高安全生产水平的重要途径。但是，施工现场还有大量的设备及防护设施有待更新、有待提高科技含量。防高空坠落设施、

设备危险状态预警系统、不安全因素检测设备等方面还有待高科技产品的引入。

⑦联营项目部的引入，给施工安全埋下了极大隐患。目前施工企业的体制是由大型国企和民营企业两种类型组成。作为民营企业，真正具备以实体项目部为主的不多，大部分仍以联营（实质为挂靠）项目部为主，只有少量的实体项目部，且施工企业没有对其进行全方位的考察，也没有设置必要的门槛，所以联营项目部管理水平参差不齐，鱼龙混杂。

个别联营项目部做大做强后，不服从公司的管理，一切以其自身的管理模式和管理方式来进行管理。联营项目部人员素质参差不齐，与所承担的工程项目规模及管理要求不相适应，因此，现场管理无论在技术、安全还是成本方面都难以控制。

⑧安全制度的落实与执行未真正从企业落实到个人实际行动中去。制度的执行和落实是我们搞好各项工作的关键，也是体现企业文化的重要组成部分。但部分企业缺乏实际的安全机制教育培训，各层次的管理人员存在关注制度、不懂制度的情况，订立的制度及责任制未经相关人员签字确认，因此所订立的制度可以说只能作为表面文章，没有规矩怎么能成方圆。作为项目部负责人法制观念淡薄，对安全生产各项法律法规不太熟悉，在管理的过程中所做出的管理行为与法律法规相悖，自己却毫不知晓，有的项目经理甚至在知道自己的行为是属于违规违法行为情况下依然我行我素，所以加强制度的执行和法律法规的教育以及违规违法责任的追究是企业在安全生产过程中至关重要的一环。

⑨安全管理人员的素质和技术技能水平有待提高。现代施工管理要求安全管理人员既要具备安全管理的能力，同时又要具备技术管理与质量管理的素质，施工企业目前已建立了各级安全生产管理部门，配备了一定的专职安全管理人员，这些人员虽然有安全员证，但分公司及项目部配备的部分人员的素质与其所承担的岗位责任不相匹配，其业务水平和责任心达不到相应的要求。安全管理人员只能是从事日常的安全工作，而对安全隐患的洞察及风险意识不足，也是造成安全责任事故的原因之一。

⑩缺乏有力度的奖励政策和激励措施，导致施工方抓安全生产的主动性和积极性下降或受挫。在市场经济条件下，追求经济效益最大和成本最小，是每个企业的自觉行为和目标。在某种程度上，现行建设工程安全生产管理体制中缺乏激励机制，对违法、违章行为缺乏处罚力度。对安全生产没有事故发生的施工企业，政府和建设行政主管部门缺乏有力度的奖励政策和激励措施，导致施工方抓安全生产的主动性和积极性下降或受挫。对不遵守国家法律、法规，不按国家及行业安全技术规范、规程进行施工，但侥幸没出安全事故的企业，

政府和建设行政主管部门缺乏有力度的处罚，客观上助长了施工方对待安全生产问题的侥幸心理。

安全生产工作关系到国家和人民生命财产安全，关系到人民群众的切身利益，关系到改革开放、国民经济健康发展和社会稳定。提高施工安全，消除事故隐患，降低伤害事故的频率是各级管理部门义不容辞的责任，也是各施工企业共同追求的目标，提高安全生产水平不仅涉及经济问题、技术问题，也涉及市场环境、企业体制、人员素质等方面因素。实现从"要我安全"到"我要安全"转变，仍是我国工程建设项目安全管理中的一项艰巨任务。

二、道路工程施工项目安全生产管理

（一）项目职业健康安全管理

1. 项目职业健康安全管理

项目职业健康安全管理应遵照《建设工程安全生产管理条例》和《职业健康安全管理体系　要求及使用指南》（GB/T 45001—2020）标准，坚持安全第一、预防为主和防治结合的方针，建立并持续改进职业健康安全管理体系。项目经理应负责项目职业健康安全的全面管理工作。项目负责人、专职安全生产管理人员应持证上岗。

项目应根据风险预防要求和项目特点，识别并评价危险源及风险，确定职业健康安全目标，制订职业健康安全生产措施计划，确定职业健康及安全生产事故应急救援预案，完善应急准备措施，建立相关组织。发生事故时，应按照国家有关规定，向有关部门报告。在处理事故时，应防止二次伤害。

项目应按有关规定必须为从事危险作业的人员在现场工作期间办理意外伤害保险。

施工现场应将生产区与生活区分离，应配备紧急处理医疗设施，使现场的生活设施符合卫生防疫要求，并应采取防暑、降温、保暖、消毒、防毒等措施。

施工现场的安全管理，重点是进行人的不安全行为与物的不安全状态的控制，落实安全管理决策与目标，以消除一切事故、避免事故伤害、减少事故损失为管理目的。

安全生产是施工项目重要的控制目标之一，也是衡量施工项目管理水平的重要标志之一。同时，安全技术措施和安全制度，也是编制实施性施工组织设计的一项必不可少的重要内容。

2.发包人与承包人的施工安全责任及治安保卫责任

（1）发包人的施工安全责任

①发包人应按合同约定履行安全职责，授权监理人按合同约定的安全工作内容监督、检查承包人安全工作的实施，组织承包人和有关单位进行安全检查。

②发包人应对其现场机构雇佣的全部人员的工伤事故承担责任，但因承包人原因造成发包人人员工伤的，应由承包人承担责任。

③发包人应负责赔偿以下各种情况造成的第三者人身伤亡和财产损失：

a.工程或工程的任何部分对土地的占用所造成的第三者财产损失；

b.因发包人原因在施工场地及其毗邻地带造成的第三者人身伤亡和财产损失。

（2）承包人的施工安全责任

①承包人应按合同约定履行安全职责，执行监理人有关安全工作的指示，并在专用合同条款约定的期限内，按合同约定的安全工作内容，编制施工安全措施计划报送监理人审批。

②承包人应加强施工作业安全管理，特别应加强对易燃易爆材料、火工器材、有毒与腐蚀性材料和其他危险品的管理，以及对爆破作业和地下工程施工等危险作业的管理。

③承包人应严格按照国家安全标准制定施工安全操作规程，配备必要的安全生产和劳动保护设施，加强对承包人人员的安全教育，并发放安全工作手册和劳动保护用具。

④承包人应按监理人的指示制订应对灾害的紧急预案，并报送监理人审批。承包人还应按预案做好安全检查，配置必要的救助物资和器材，切实保护好有关人员的人身和财产安全。

⑤合同约定的安全作业环境及安全施工措施所需费用应遵守有关规定，并包括在相关工作的合同价格中。因采取合同未约定的安全作业环境及安全施工措施而增加的费用，由监理人按合同要求商定或确定。

⑥承包人应对其履行合同所雇佣的全部人员，包括分包人人员的工伤事故承担责任，但因发包人原因造成承包人人员工伤事故的，应由发包人承担责任。

⑦因承包人原因在施工场地内及其毗邻地带造成的第三者人员伤亡和财产损失，由承包人负责赔偿。

（3）治安保卫

①除合同另有约定外，发包人应与当地公安部门协商，在现场建立治安管

理机构或联防组织，统一管理施工场地的治安保卫事项．履行合同约定的治安保卫职责。

②发包人和承包人除应协助现场治安管理机构或联防组织维护施工场地的社会治安外，还应做好包括生活区在内的各自管辖区的治安保卫工作。

③除合同另有约定外，发包人和承包人应在工程开工后，共同编制施工场地治安管理计划，并制订应对突发治安事件的紧急预案。在工程施工过程中，发生暴乱、爆炸等恐怖事件，以及群殴、械斗等群体性突发治安事件的，发包人和承包人应立即向当地政府报告。发包人和承包人应积极协助当地有关部门采取措施平息事态，防止事态扩大，尽量减少财产损失和避免人员伤亡。

3. 施工单位开展安全生产管理的措施

为实现安全文明生产，施工单位从以下几个方面开展安全组织工作。

（1）建立安全生产管理机构

施工单位主要负责人为安全生产第一责任人，应根据工程规模、施工现场要求建立安全生产管理机构，明确专职安全人员及其分工。

（2）制定安全生产责任制度

施工企业必须依法加强对施工现场安全生产的管理，执行安全生产责任制度，采取有效措施，防止伤亡和其他安全生产事故的发生。

安全生产责任制度是施工单位最基本的安全管理制度，是施工单位安全生产的核心和中心环节。

（3）制定切合施工现场实际的各项安全技术措施

施工单位要在施工组织设计中编制安全技术措施和施工现场临时用电方案，对达到一定规模的危险性较大的分部分项工程应当编制专项施工方案，并附具安全验算结果，经施工单位技术负责人、总监理工程师签字后实施，由专职安全生产管理人员进行现场监督。

对于涉及深基坑、地下暗挖工程、高大模板工程的专项施工方案，施工单位还应当组织专家进行论证、审查。

施工单位对因建设工程施工可能造成损害的毗邻建筑物、构筑物和地下管线等，应当采取专项防护措施。施工单位应当遵守有关环境保护法律、法规的规定，在施工现场采取措施，减少或者防止粉尘、废气、废水、固体废物、噪声、振动和施工照明对人和环境的危害和污染。

（4）制定安全生产规章制度和操作规程

严格的规章制度和操作规程是安全生产的重要保障，只有通过规章制度和操作规程，才能将安全生产责任落实到基层，落实到每个岗位和每个职工。施工单位要根据本单位的实际情况，按照法律、法规、规章和工程建设标准强制性条文的要求，制定有关施工安全生产的具体规章制度，如安全生产责任制度、安全技术措施制度、安全检查制度等，并针对每一个具体工艺、工种和岗位制定具体的操作规程，形成有效的督促、检查和贯彻落实机制。

施工单位对所承担的建设工程要进行定期和专项安全检查，并做好安全检查记录。

（5）建立安全培训制度

安全生产教育培训制度，是指对从业人员进行安全生产的教育和安全生产技能的培训，并将这种教育和培训制度化、规范化，以提高全体人员的安全意识和安全生产的管理水平，减少和防止生产安全事故的发生。

《中华人民共和国建筑法》规定：施工企业应当建立健全劳动安全生产教育培训制度，加强对职工安全生产的教育培训；未经安全生产教育培训的人员，不得上岗作业。

①施工单位三类管理人员的考核。《建设工程安全生产管理条例》规定：施工单位的主要负责人、项目负责人、专职安全生产管理人员应当经建设行政主管部门或者其他部门考核合格后方可任职。施工单位的主要负责人要对本单位的安全生产工作全面负责，项目负责人要对所负责的建设工程项目的安全生产工作全面负责，安全生产管理人员更是要直接地、具体地承担本单位日常的安全生产管理工作。因此，这三类人员在施工安全方面的知识水平和管理能力直接关系到本单位、本项目的安全生产管理水平。多年来的惨痛教训表明，这三类人员缺乏基本的安全生产知识，安全生产管理和组织能力不强，甚至违章指挥，是导致事故发生的重要原因之一。因此，这三类人员必须经安全生产知识和管理能力考核合格后方可任职。

②建立三级安全教育制度，每年至少进行一次全员安全生产教育培训。施工单位总公司、分公司应当对管理人员和作业人员每年至少进行一次安全生产教育培训，项目部每月至少进行一次安全生产教育培训，每个班组每周至少进行一次安全生产教育培训，其教育培训情况记入个人工作档案。安全生产教育培训考核不合格的人员，不得上岗。

安全教育主要包括安全思想教育、安全知识教育、安全技能教育、安全法制教育和事故案件教育等。安全教育培训可采取多种形式，包括安全报告会、事故分析会、安全技术交流会、安全奖惩会、安全竞赛及安全日（周、月）活动等。同时，必须严肃处理每个违章指挥、违章作业的人员，决不姑息迁就。

③进入新的岗位或者新的施工现场前的安全生产教育培训。作业人员进入新的岗位或者新的施工现场前，应当接受安全生产教育培训。未经教育培训或者教育培训考核不合格的人员，不得上岗作业。

进入新岗位、新工地的作业人员往往是安全生产的薄弱环节。这是因为各岗位、各工地之间往往各有特殊性。因此，施工单位必须对新录用的职工和转场的职工进行安全教育培训，包括安全生产的重要意义、施工工地的特点及危险因素、有关法律法规及施工单位规章制度、安全技术操作规程、机械设备电气及高处作业安全知识、防火防毒防尘防爆知识、紧急情况安全处置与安全疏散知识、防护用品使用知识以及发生事故后如何自救、排险、抢救伤员、保护现场和及时报告等。

④采用新技术、新工艺、新设备、新材料前的安全生产教育培训。施工单位在采用新技术、新工艺、新设备、新材料时，应当对作业人员进行相应的安全生产教育培训。

如果施工单位对所采用的新技术、新工艺、新设备、新材料的了解与认识不足，对其安全技术性能掌握不充分，或是没有采取有效的安全防护措施，没有对作业人员进行专门的安全生产教育培训，那就很可能会导致事故的发生。因此，施工单位在采用新技术、新工艺、新设备、新材料时，必须对作业人员进行专门的安全生产教育培训，让其了解不安全因素，学会危险辨识，并采取保证安全的防护措施，以防止事故发生。

⑤特种作业人员的安全培训考核。《建设工程安全生产管理条例》规定：垂直运输机械作业人员、安装拆卸工、爆破作业人员、起重信号工、登高架设作业人员等特种作业人员，必须按照国家有关规定经过专门的安全作业培训，并取得特种作业操作资格证书后，方可上岗作业。

特种作业是指容易发生事故，对操作者本人、他人的安全健康及设备、设施的安全可能造成重大危害的作业。特种作业的范围包括电工作业（不含电力系统进网作业）焊接与热切割作业、高处作业、制冷与空调作业、煤矿安全作业、金属非金属矿山安全作业、石油天然气安全作业、冶金（有色）生产安全作业、危险化学品安全作业、烟花爆竹安全作业等。

⑥消防安全教育培训。公安部、住房和城乡建设部等9部委联合颁布的《社会消防安全教育培训规定》中规定，在建工程的施工单位应当开展下列消防安全教育工作：建设工程施工前应当对施工人员进行消防安全教育；在建设工地醒目位置、施工人员集中住宿场所设置消防安全宣传栏，悬挂消防安全挂图和消防安全警示标识；对明火作业人员进行经常性的消防安全教育；组织灭火和应急疏散演练。

（6）建立安全交底制度

安全交底是具体贯彻安全措施的主要方法，是一项经常性的工作，也是最实际、最深刻的安全教育。各级领导在布置生产任务时，对施工安全要提出明确的要求，把施工技术和安全技术同时交底，并组织工人讨论，订立安全生产保障措施，使人人心中有数，个个做到安全。

（7）制定和落实安全检查和安全隐患排查制度

坚持"创安"工作检查评比，加强经常性的安全检查，每年定期进行二到四次群众性安全检查，每月定期检查工地一次。平时进行不定期的检查，做到及时发现隐患及时整改。

（8）保证安全生产条件所需资金的投入

《建设工程安全生产管理条例》规定：施工单位对列入建设工程概算的安全作业环境及安全施工措施所需费用，要用于施工安全防护用具及设施的采购和更新、安全施工措施的落实、安全生产条件的改善，不得挪作他用。

安全生产必须有一定的资金投入。为了保证安全生产所需资金的投入和使用，施工单位要制订资金使用计划，并加强对资金使用情况的监督检查，防止资金被挪用，以确保安全生产费用的有效使用。

（9）建立事故分析制度

发生安全事故后，应及时报告，组织实地调查，找出事故原因，掌握事故发生的规律，采取预防措施。

（二）项目施工安全技术措施

1. 施工安全控制

（1）安全控制的概念

安全控制是生产过程中涉及的计划、组织、监控、调节和改进等一系列致力于满足生产安全所进行的管理活动。

（2）安全控制的目标

安全控制的目标是减少和消除生产过程中的事故，保证人员健康安全和财产免受损失。

（3）施工安全控制的特点

建设工程施工安全控制的特点主要有以下几个方面。

①控制面广。建设工程规模较大，生产工艺复杂、工序多，在建造过程中流动作业多、高处作业多、作业位置多变，遇到的不确定因素多，因此安全控

制工作涉及范围大，控制面广。

②控制的动态性。建设工程项目的单件性，使得每项工程所处的条件不同，所面临的危险因素和防范措施也会有所改变。施工人员在转移工地后，熟悉一个新的工作环境需要一定的时间，有些工作制度和安全技术措施也会有所调整，施工人员同样需要有一个熟悉的过程。

由于建设工程项目具有分散性的特点，现场施工分散于施工现场的各个部位，尽管有各种规章制度和安全技术交底的环节，但是面对具体的生产环境时，施工人员仍然需要自己的判断和处理，有经验的人员还必须适应不断变化的情况。

③控制系统的交叉性。建设工程项目是开放系统，受自然环境和社会环境影响很大，同时也会对社会和环境造成影响，安全控制需要把工程系统、环境系统及社会系统结合起来。

④控制的严谨性。由于建设工程施工的危害因素复杂、风险程度高、伤亡事故多，因此预防控制措施必须严谨，如有疏漏就可能发展到失控，而酿成事故，造成损失和伤害。

（4）施工安全的控制程序

①确定每项具体建设工程项目的安全目标。按"目标管理"方法在以项目经理为首的项目管理系统内进行分解，从而确定每个岗位的安全目标，实现全员安全控制。

②编制安全技术措施计划。安全技术措施计划是对生产过程中的不安全因素，用技术手段加以消除和控制的文件，是落实"预防为主"方针的具体体现，是进行工程项目安全控制的指导性文件。

③安全技术措施计划的落实和实施。安全技术措施计划的落实和实施包括建立健全安全生产责任制，设置安全生产设施，采用安全技术和应急措施，进行安全教育和培训，通过一系列安全措施的贯彻，使生产作业的安全状况处于受控状态。

④安全技术措施计划的验证。安全技术措施计划的验证就是通过在施工过程中对安全技术措施计划实施情况的安全检查，纠正不符合安全技术措施计划的情况，保证安全技术措施的贯彻和实施。

⑤持续改进。根据安全技术措施计划的验证结果，对不适宜的安全技术措施计划进行修改、补充和完善。

2.施工安全技术措施的一般要求和主要内容

《公路工程标准施工招标文件》(交通运输部公告2017年第51号)中规定：承包人应根据本工程的实际安全施工要求，编制施工安全技术措施，并在签订合同协议书后28天内，报监理人和发包人批准。该施工安全技术措施包括（但不限于）施工安全保障体系，安全生产责任制，安全生产管理规章制度，安全防护施工方案，施工现场临时用电方案，施工安全评估，安全预控及保证措施方案，紧急应变措施，安全标识、警示和围护方案等。对影响安全的重要工序和下列危险性较大的工程应编制专项施工方案，并附安全验算结果，经承包人项目总工程师签字并报监理人和发包人批准后实施，由专职安全生产管理人员进行现场监督。

（1）施工安全技术措施的一般要求

①施工安全技术措施必须在工程开工前制定。施工安全技术措施是施工组织设计的重要组成部分，应在工程开工前与施工组织设计一同编制。为保证各项安全设施的落实，在工程图纸会审时，就应特别注意考虑安全施工的问题，并在开工前制定好安全技术措施。

②施工安全技术措施要有灵活性。按照有关法律法规的要求，在编制工程施工组织设计时，应当根据工程特点制定相应的施工安全技术措施。对于大中型工程项目、结构复杂的重点工程，除必须在施工组织设计中编制施工安全技术措施外，还应编制专项工程施工安全技术措施，或编制专项安全施工技术方案。

③施工安全技术措施要有针对性。施工安全技术措施是针对每项工程的特点制定的，编制安全技术措施的技术人员必须掌握工程概况、施工方法、施工环境、施工条件等一手资料，并熟悉安全法规、标准等，这样才能制定出有针对性的安全技术措施。

④施工安全技术措施应力求全面、具体、可靠。施工安全技术措施应把可能出现的各种不安全因素考虑周全，制定的对策措施方案应力求全面、具体、可靠，这样才能真正做到预防事故的发生。但是，全面具体不等于罗列一般通常的操作工艺、施工方法以及日常安全工作制度、安全纪律等。这些制度性规定，在安全技术措施中不需要再作抄录，但必须严格执行。

⑤施工安全技术措施必须包括应急预案。施工安全技术措施必须包括面对突发事件或紧急状态的各种应急设施、人员逃生和救援预案，以便在紧急情况下，能及时启动应急预案，减少损失，保护人员安全。

⑥施工安全技术措施要有可行性和可操作性。施工安全技术措施应能够在每个施工工序之中得到贯彻实施。

（2）施工安全技术措施的主要内容

1）建立安全保证体系

施工项目应设立安全管理机构，建立职业健康安全生产责任制，并把目标分解落实到人，建立健全安全生产检查管理制度，施工现场设立专职安全员，班组设兼职安全员，从而形成一个健全的安全保证体系。

安全管理机构主要负责贯彻执行国家有关安全施工的方针政策、法令、规章制度和上级有关规定，协助领导在"安全第一、预防为主"的方针指导下组织和推动施工中的安全工作。

工地专职安全员的职责是认真贯彻执行上级有关安全施工的规定，组织和推动施工中的安全工作，在业务上接受上一级安全管理部门的领导。

班组兼职安全员协助班组长组织安全活动，进行现场安全检查，对违章作业者进行批评教育，组织学习安全规程、制度及上级颁发的有关文件，指导班组人员正确使用个人防护用品等。

2）落实安全责任，实施责任管理

根据"全员管理，安全第一"的原则，建立各级人员安全生产责任制，明确规定各级领导、职能部门、工程技术人员和生产工人在施工生产中的安全责任。

3）强化安全教育与训练

进行安全教育与训练，能增强人的安全生产意识，提高人的安全生产知识，有效防止人的不安全行为，减少失误。安全教育包括知识、技能、意识三个阶段的教育，教育的主要内容包括：进行安全思想教育，学习国家劳动保护法规、安全施工管理条例等；进行安全技术、工业卫生的科学知识教育；进行典型经验和事故教训的教育；进行法制教育；等等。操作者通过接受教育和训练，不仅能掌握安全生产知识，而且能正确认真地在作业过程中表现出安全的行为。

4）安全检查

安全检查是发现不安全行为和不安全状态的重要途径，是消除事故隐患、落实整改措施、防止事故伤害、改善劳动条件的重要方法和措施。安全检查的形式有普遍检查、专业检查和季节性检查等。

5）作业标准化

在操作者的不安全行为中，不知正确的操作方法，为了干得快而省略必要的操作步骤，以及坚持自己的操作习惯等原因所占比重很大。因此，按科学的作业标准规范人的行为，有利于控制人的不安全行为，减少人的失误。

6）施工设计应考虑安全技术的因素，并对操作者进行交底

各分部、分项工程在施工进行之前，必须根据工作的具体情况和结构特点制定安全施工设计方案、施工操作工艺标准等，在方案和工艺中应充分考虑安全因素，方案应有必要的安全防护措施，以保证施工过程中的人身、设施设备和结构物的安全。对危险性较大的工程作业，应编制专项施工方案，并应组织专家审查。为使操作人员充分理解方案的全部内容，减少实际操作中的失误，避免操作时的事故伤害，要将方案的设计思想、内容和要求等，向作业人员进行充分安全技术交底，建立班组安全生产责任制，经理部应保存安全技术交底记录。

7）优化安全技术组织措施

优化安全技术组织措施包括以改善施工劳动条件、防止伤亡事故等为目的的一切技术措施：

a.开展以机械化、自动化为中心的技术革新，积极改进施工工艺和操作方法，改善劳动环境条件，减轻劳动强度，消除危险因素，保证安全生产；

b.机械设备应有安全装置，严格按操作规程使用；

c.设置安全设施，如在施工现场设置安全围栏、防火设施，坚持使用高空作业的安全网、安全带、安全帽措施等。

8）建立健全各种切实可行的规章制度

施工安全制度主要有安全生产责任制度、安全生产教育制度、安全检查制度、安全技术措施制度、安全交底制度、事故分析和处理制度。

9）项目职业健康安全隐患和事故处理

项目经理部应按安全检查制度进行检查，对检查出来的职业健康安全隐患应按下列规定进行处理：

a.区别不同的职业健康安全隐患类型，制定相应整改措施并在实施前进行风险评价；

b.对检查出的隐患及时发出职业健康安全整改通知单，限期纠正违章指挥和作业行为，并对违章人员进行处罚；

c.跟踪检查纠正预防措施的实施过程和实施效果，保存验证记录。

项目经理部进行职业健康安全事故处理应坚持事故原因不清楚不放过，事故责任者和人员没有受到教育不放过，事故责任者没有处理不放过，没有制定纠正和预防措施不放过的原则。

处理职业健康安全事故应遵循下列程序：报告安全事故，事故处理，事故调查，处理事故责任者，提交调查报告。

安全技术措施中必须包含施工总平面图,在图中必须对危险的油库、易燃材料库、变电设备、材料和构配件的堆放位置、塔式起重机、物料提升机(井架、龙门架)、施工用电梯、垂直运输设备位置、搅拌台的位置等按照施工需求和安全规程的要求明确定位,并提出具体要求。

结构复杂、危险性大、特性较多的分部分项工程,应编制专项施工方案和安全措施。例如,基坑支护与降水工程、土方开挖工程、模板工程、起重吊装工程、脚手架工程、拆除工程、爆破工程等,必须编制单项的安全技术措施,并要有设计依据、有计算、有详图、有文字要求。

季节性施工安全技术措施,就是考虑夏季、雨季、冬季等不同季节的气候对施工生产带来的不安全因素可能造成的各种突发性事故,而从防护上、技术上、管理上采取的防护措施。一般工程可在施工组织设计或施工方案的安全技术措施中编制季节性施工安全措施;危险性大、高温期长的工程,应单独编制季节性施工安全措施。

(三)安全技术交底

1. 安全技术交底的内容

安全技术交底是一项技术性很强的工作,对于贯彻设计意图、严格实施技术方案、按图施工、循规操作、保证施工质量和施工安全至关重要。

安全技术交底主要内容如下:

a. 本施工项目的施工作业特点和危险点;

b. 针对危险点的具体预防措施;

c. 应注意的安全事项;

d. 相应的安全操作规程和标准;

e. 发生事故后应及时采取的避难和急救措施;

2. 安全技术交底的要求

①项目经理部必须实行逐级安全技术交底制度,纵向延伸到班组全体作业人员。

②技术交底必须具体、明确,针对性强。

③技术交底的内容应针对分部分项工程施工中给作业人员带来的潜在危害和存在的问题。

④应优先采用新的安全技术措施。

⑤对于涉及"四新"（新签约、新开工、新竣工、新投产）项目或技术含量高、技术难度大的单项技术设计，必须经过两阶段技术交底，即初步设计技术交底和实施性施工图技术设计交底。

⑥应将工程概况、施工方法、施工程序、安全技术措施等向工长、班组长进行详细交底。

⑦定期向由两个以上作业队和多工种进行交叉施工的作业队伍进行书面交底。

⑧保存书面安全技术交底签字记录。

3. 安全技术交底的作用

①让一线作业人员了解和掌握该作业项目的安全技术操作规程和注意事项，减少因违章操作而引发事故的可能。

②安全技术交底是安全管理人员在项目安全管理工作中的重要环节。

③安全技术交底是安全管理内业的内容之一，同时做好安全技术交底也是安全管理人员自我保护的手段。

（四）施工现场安全防护措施

1. 危险部位设置安全警示标志

施工单位应当在施工现场入口处、施工起重机械、临时用电设施、脚手架、出入通道口、楼梯口、电梯井口、孔洞口、桥梁口、隧道口、基坑边沿、爆破物及有害危险气体和液体存放处等危险部位，设置明显的安全警示标志。安全警示标志必须符合国家标准。

2. 根据不同施工阶段等采取相应的安全施工措施

施工单位应当根据不同施工阶段和周围环境及季节、气候的变化，在施工现场采取相应的安全施工措施。施工现场暂时停止施工的，施工单位应当做好现场防护，所需费用由责任方承担，或者按照合同约定执行。由于施工作业有一定的时限，且露天作业较多，在地下施工、高处施工等不同的施工阶段，应当采取不同的安全措施，并要根据周围环境和季节、气候变化，加强季节性安全防护措施。例如，夏季要防暑降温，在特别高温的天气下，要调整施工时间、改变施工方式；冬期要防寒防冻，防止煤气中毒，冬期施工还应专门制定保证工程质量和施工安全的安全技术措施；夜间施工应有足够的照明，在深坑、陡坡等危险地段应增设红灯标志，以防发生伤亡事故；雨期和冬期施工时，应对运输道路采取防滑措施，如加铺炉渣、砂子等，如有可能应避免在雨期、冬期和夜间施工；傍山沿河地区应制定防滑坡、防泥石流、防汛措施；大风、大雨期间应暂停施工。

3. 注重对施工现场周边的安全防护措施

《建设工程安全生产管理条例》规定，施工单位对因建设工程施工可能造成损害的毗邻建筑物、构筑物和地下管线等，应当采取专项防护措施。在城市市区内的建设工程，施工单位应当对施工现场实行封闭围挡。

建设工程施工多为露天、高处作业，对周围环境特别是毗邻的建筑物、构筑物和地下管线等可能会造成损害。因此，施工单位有责任、有义务采取相应的安全防护措施，确保毗邻的建筑物、构筑物和地下管线等不受损坏。施工现场实行封闭管理，主要是解决"扰民"和"民扰"问题。施工现场采用密目式安全网、围墙、甬栏等封闭起来，既可以防止施工中的不安全因素扩散到场外，也可以起到保护环境、美化市容、文明施工的作用，还可以防盗、防砸打损害物品等。

4. 加强对危险作业的施工现场安全管理

生产经营单位进行爆破、吊装等危险作业时，应当安排专门人员进行现场安全管理，确保操作规程的遵守和安全措施的落实。

爆破、吊装等作业具有较大危险性，容易发生事故。因此，作业人员必须严格按照操作规程进行操作，施工单位也应当采取必要的防范措施，安排专门人员进行作业现场的安全管理。现场安全管理人员一方面可以检查作业现场的各项安全措施是否得到落实，另一方面可以监督作业人员是否严格遵守有关操作规程，及时对作业现场有关情况进行协调，发现事故隐患及时采取措施进行紧急排除。

5. 加强起重机械设备、安全防护设备、机械设备等的安全管理

施工单位在使用施工起重机械和整体提升式脚手架、模板等自升式架设设施前，应当组织有关单位进行验收，也可以委托具有相应资质的检验检测机构进行验收；使用承租的机械设备和施工机具及配件的，由施工总承包单位、分包单位、出租单位和安装单位共同进行验收。验收合格的方可使用。

《建设工程安全生产管理条例》规定，施工单位采购、租赁的安全防护用具、机械设备、施工机具及配件，应当具有生产（制造）许可证、产品合格证，并在进入施工现场前进行查验。施工现场的安全防护用具、机械设备、施工机具及配件必须由专人管理，定期进行检查、维修和保养，建立相应的资料档案，并按照国家有关规定及时报废。

（五）安全检查的类型和内容

工程项目安全检查的目的是清除隐患、防止事故、改善劳动条件及提高员工安全生产意识。工程项目安全检查是安全控制工作的一项重要内容。企业通过安全检查可以发现工程中的危险因素，以便有计划地采取措施，保证安全生产。施工项目的安全检查应由项目经理组织，定期进行。

1.安全检查的主要类型

（1）全面安全检查

全面安全检查的内容应包括职业健康安全管理方针、管理组织机构及其安全管理的职责、安全设施、操作环境、防护用品、卫生条件、运输管理、危险品管理、火灾预防、安全教育和安全检查制度等。对全面安全检查的结果必须进行汇总分析，详细探讨所出现的问题及相应对策。

（2）经常性安全检查

工程项目和班组应开展经常性安全检查，及时排除事故隐患。工作人员必须在工作前，对所用的机械设备和工具进行仔细的检查，发现问题立即上报。下班前，还必须进行班后检查，做好设备的维修保养和清整场地等工作，保证交接安全。

（3）专业或专职安全管理人员的专业安全检查

由于操作人员在进行设备的检查时，往往是根据其自身的安全知识和经验进行主观判断，因而有很大的局限性，不能反映出客观情况，流于形式。而专业或专职安全管理人员则有较丰富的安全知识和经验，通过其认真检查就能得到较为理想的效果。专业或专职安全管理人员在进行安全检查时，必须不徇私情，按章检查，发现违章操作情况要立即纠正，发现隐患要及时指出并提出相应防护措施，并应及时上报检查结果。

（4）季节性安全检查

要对防风防沙、防涝抗旱、防雷电、防暑防害等工作进行季节性的检查，根据各个季节自然灾害的发生规律，及时采取相应的防护措施。

（5）节假日检查

在节假日，坚持上班的人员较少，员工往往放松思想警惕，容易发生意外，而且一旦发生意外事故，也难以进行有效的救援和控制。因此，节假日必须安排专业安全管理人员进行安全检查，对重点部位要进行巡视，同时要配备一定数量的安全保卫人员，搞好安全保卫工作，绝不能麻痹大意。

（6）要害部门重点安全检查

对于企业要害部门和重要设备必须进行重点检查，由于其重要性和特殊性，一旦发生意外，会造成大的伤害，给企业的经济效益和社会效益带来不良的影响。为了确保安全，对设备的运转和零件的状况要定时进行检查，发现损伤立刻更换，决不能"带病"作业。设备达到使用年限后即使没有故障，也应该予以更新，不能因小失大。

2. 安全检查的主要内容

（1）查思想

查思想主要检查企业领导和员工对安全生产方针的认识程度、对建立健全安全生产管理和安全生产规章制度的重视程度、对安全检查中发现的安全问题或安全隐患的处理态度等内容。

（2）查制度

为了实施安全生产管理制度，工程承包企业应结合本身的实际情况，建立健全一整套本企业的安全生产规章制度，并落实到具体的工程项目施工任务中。在安全检查时，应对企业的施工安全生产规章制度进行检查。施工安全生产规章制度一般应包括以下内容：

a. 安全生产责任制度；

b. 安全生产许可证制度；

c. 安全生产教育培训制度；

d. 安全措施计划制度；

e. 特种作业人员持证上岗制度；

f. 专项施工方案专家论证制度；

g. 危及施工安全工艺、设备、材料淘汰制度；

h. 施工起重机械使用登记制度；

i. 生产安全事故报告和调查处理制度；

j. 各种安全技术操作规程；

k. 危险作业管理审批制度；

l. 易燃、易爆、剧毒、放射性、腐蚀性等危险物品生产、储运、使用的安全管理制度；

m. 防护物品的发放和使用制度；

n. 安全用电制度；

o. 危险场所动火作业审批制度；

p. 防火、防爆、防雷、防静电制度；

q. 危险岗位巡回检查制度；

r. 安全标志管理制度。

（3）查管理

查管理主要检查安全生产管理是否有效、安全生产管理和规章制度是否真正得到落实等内容。

（4）查隐患

查隐患主要检查生产作业现场是否符合安全生产要求等内容。检查人员应深入作业现场，检查工人的劳动条件、卫生设施、安全通道、零部件的存放，防护设施状况，电气设备、压力容器、化学用品的储存，粉尘及有毒有害作业部位点的达标情况，以及个人劳动防护用品的使用是否符合规定等。要特别注意对一些要害部位和设备加强检查，如锅炉房、变电所等场所。

（5）查整改

查整改主要检查对过去提出的安全问题和发生安全生产事故及安全隐患后是否采取了安全技术措施和安全管理措施，以及进行整改的效果如何等内容。

（6）查事故处理

查事故处理主要检查对伤亡事故是否及时报告、对责任人是否已经作出严肃处理等内容。在安全生产检查中，必须成立一个适应安全生产检查工作需要的检查组，并应配备适当的人力和物力。检查结束后应编写安全检查报告，说明已达标项目、未达标项目、存在问题、原因分析，并给出纠正和预防措施的建议。

3. 安全检查的注意事项

①安全检查要深入基层、紧紧依靠职工，坚持领导与群众相结合的原则，组织好检查工作。

②要建立安全检查的组织领导机构，配备适当的检查力量，挑选具有较高技术业务水平的专业人员参加。

③要做好安全检查的各项准备工作，包括思想、业务知识、法规政策和物资、奖金准备。

④要明确检查的目的和要求。既要严格要求，又要防止一刀切，要从实际出发，分清主、次矛盾，力求实效。

⑤要把自查与互查有机结合起来。基层应以自查为主，企业内相应部门间应互相检查，取长补短，相互学习和借鉴。

⑥要坚持查改结合。检查不是目的，只是一种手段，整改才是最终目的。

⑦要建立安全检查档案。企业应结合安全检查的实施，逐步建立健全安全检查档案，收集基本的数据，掌握基本安全状况，为及时消除隐患提供数据，同时也为以后的职业健康安全检查奠定基础。

⑧在制定安全检查表时，应根据用途和目的具体确定安全检查表的种类。安全检查表的主要包括设计用安全检查表、厂级安全检查表、车间安全检查表、班组及岗位安全检查表、专业安全检查表等。制定安全检查表要在安全技术部门的指导下，充分依靠职工来进行。初步制定出来的安全检查表，要经过群众的讨论，反复试行，再加以修订，最后由安全技术部门审定后方可正式实行。

（六）施工安全隐患和生产安全事故的处理

1. 施工安全隐患及其处理

隐患，是指未被事先识别或未采取必要防护措施的可能导致安全事故的危险源或不利环境因素。施工安全隐患是在安全检查及数据分析过程中发现的。需要强调的是，对施工安全隐患的处理，是为了对安全事故进行预防，避免安全事故的发生。施工安全隐患处理应根据隐患的严重程度以及隐患的应急程度，分别采用与其相适应的处理手段和处理方法。

（1）一般安全问题

一般安全问题是指不符合安全管理规定，不符合安全技术措施规范要求的现象或状态。这种现象或状态的程度尚不严重。

项目管理者对一般安全问题不能轻视而麻痹大意，对一般安全问题的处理，更不能麻木不仁而随之任之，应及时处置出现的一般安全问题，保证施工顺利进行。

（2）严重安全隐患

严重安全隐患是指存在的安全隐患程度比较严重，或是其数量或规模较大，或是违反强制性条文标准，对施工现场的安全构成了明显的潜在威胁。

项目经理应组织项目经理部相关管理人员对处理方案进行认真深入的分析，特别是安全事故隐患原因分析，找出安全事故隐患的真正起源点。必要时，项目经理可请工程监理单位、设计单位、分包单位、供应单位和建设单位各方共同参加分析，制订合理可行的安全事故隐患整改处理方案。

安全事故隐患整改处理方案的内容主要包括：

a. 安全事故隐患的部位、性质、现状、发展变化、时间、地点等详细情况；

b. 现场调查的有关数据和资料；

c. 安全事故隐患原因分析与判断;

d. 安全事故处理的方案;

e. 是否需要采取临时防护措施;

f. 确定安全事故隐患整改负责人、整改完成时间和整改验收人;

g. 涉及的有关人员和责任及预防该类安全事故隐患重复出现的措施。

安全事故隐患处理完毕，施工单位应组织人员检查验收，写出安全隐患处理报告并存档。

2. 生产安全事故的等级划分标准

明确生产安全事故的分级，区分不同事故级别所规定的报告和调查处理要求，是顺利开展生产安全事故报告和调查处理工作的前提，也是规范生产安全事故报告和调查处理的必然要求。

国务院《生产安全事故报告和调查处理条例》规定，根据生产安全事故（以下简称事故）造成的人员伤亡或者直接经济损失，事故一般分为以下等级：

a. 特别重大事故，是指造成 30 人以上死亡，或者 100 人以上重伤（包括急性工业中毒，下同），或者 1 亿元以上直接经济损失的事故;

b. 重大事故，是指造成 10 人以上 30 人以下死亡，或者 50 人以上 100 人以下重伤，或者 5000 万元以上 1 亿元以下直接经济损失的事故;

c. 较大事故，是指造成 3 人以上 10 人以下死亡，或者 10 人以上 50 人以下重伤，或者 1000 万元以上 5000 万元以下直接经济损失的事故;

d. 一般事故，是指造成 3 人以下死亡，或者 10 人以下重伤，或者 1000 万元以下直接经济损失的事故。所称的"以上"包括本数，所称的"以下"不包括本数。

《生产安全事故报告和调查处理条例》还规定：没有造成人员伤亡，但是社会影响恶劣的事故，国务院或者有关地方人民政府认为需要调查处理的，依照本条例的有关规定执行。

3. 发生生产安全事故后应采取的相应措施

《建设工程安全生产管理条例》规定，发生生产安全事故后，施工单位应当采取措施防止事故扩大，保护事故现场。需要移动现场物品时，应当做出标记和书面记录，妥善保管有关证物。

（1）组织应急抢救工作

《生产安全事故报告和调查处理条例》规定，事故发生单位负责人接到事故报告后，应当立即启动事故相应应急预案，或者采取有效措施，组织抢救，防止事故扩大,减少人员伤亡和财产损失。

事故发生后,生产经营单位应当立即启动相关应急预案,采取有效处置措施,组织开展先期应急工作,控制事态发展。对危险化学品泄漏等可能对周边群众和环境产生危害的事故,生产经营单位应当在向地方政府及有关部门进行报告的同时,及时向可能受到影响的单位、职工、群众发出预警信息,标明危险区域,组织、协助应急救援队伍和工作人员救助受害人员,疏散、撤离、安置受到威胁的人员,并采取必要措施防止发生次生、衍生事故。应急处置工作结束后,各企业应尽快组织恢复生产、生活秩序,配合事故调查组进行调查。

中央企业发生事故灾难时,其总部应全力调动相关资源,有效开展应急救援工作。

(2)妥善保护事故现场

事故发生后,有关单位和人员应当妥善保护事故现场以及相关证据,任何单位和个人不得破坏事故现场、毁灭相关证据。为抢救人员、防止事故扩大以及疏通交通等,需要移动事故现场物件的,应当做出标志,绘制现场简图并做出书面记录,妥善保存现场重要痕迹、物证。

4.重大生产安全事故报告

(1)报告原则

事故发生现场有关单位安全负责人员应遵循"迅速、准确"的原则,在规定的时间内逐级上报重大生产安全事故的情况。

(2)报告程序

①发生重大生产安全事故后,项目施工单位除向项目建设和监理单位报告外,应立即将事故情况如实向事故所在地交通主管部门、地方安全监管部门报告。实行工程总承包的交通建设项目,由总承包单位负责上报。

②事故所在地交通主管部门接到事故报告后,应迅速核实有关情况,并立即报告同级人民政府和上一级交通主管部门。省级交通主管部门接到事故报告后,及时上报省级人民政府和交通部。

③交通部接到一次死亡(或下落不明)10人以上事故报告后,部业务主管部门负责提供专报的文字材料,由部办公厅按规定渠道向国务院办公厅报送。

④交通部设在长江干流的航务管理机构所管辖的长江航道工程发生重大生产安全事故时,除应向事故发生地的省级人民政府和地方安全监管部门报告外,还应向交通部报告。

⑤部直属单位负责组织建设的公路水运工程发生重大生产安全事故时,除

向当地交通主管部门和地方安全监管部门报告外，还应向交通部专报。

（3）报告内容

①事故发生的时间、地点及事故类型、人员伤亡情况、预估的直接经济损失。

②事故中的建设、勘察、设计、施工、监理等单位名称、资质等级情况，施工单位安全生产许可证号及发证机构，施工单位"三类人员"的姓名及岗位证书情况，监理人员执业资格等情况。

③项目的基本概况。

④事故的简要经过，紧急抢险救援情况，事故原因的初步分析。

⑤采取措施的情况。

⑥事故报告单位、签发人及报告时间等。

（4）报告方式

紧急情况下，可采取电话、传真、电子邮件的形式先行报告事故概况，有新情况及时续报，但应在12小时内补齐书面材料。

5.重大生产安全事故处理原则

（1）事故处理原则

坚持"四不放过"原则，即事故原因未查清不放过，事故责任者未受处理不放过，事故责任人和周围群众未受到教育不放过，防范措施未落实不放过。

发生一次死亡6人以上、一次受伤20人以上和涉险30人以上的事故时，应由交通部派出现场督导组，省级交通主管部门同时予以配合。现场督导组由部质监总站负责组织，成员由与事故没有直接利害关系的相关专业技术专家和施工安全监管等专业人员组成。

发生一次死亡3～5人、一次受伤10～19人和涉险10～29人的事故时，应由省级交通主管部门派出现场督导组，市级交通主管部门同时予以配合。省级现场督导组人员由省级交通主管部门负责组织。根据现场特殊情况或应省级交通主管部门的要求，交通部可派出专家组给予技术支援。

对于党中央、国务院、交通部批示的重大生产安全事故，交通部应按批示要求派出现场督导组，省级交通主管部门予以配合。

（2）事故发生单位落实防范和整改措施

事故发生单位应当认真吸取事故教训，落实防范和整改措施，防止事故再次发生。防范和整改措施的落实情况应当接受工会和职工的监督。

安全生产监督管理部门和负有安全生产监督管理职责的有关部门应当对事故发生单位落实防范和整改措施的情况进行监督检查。

（七）安全资料的整理与归档

安全管理的内业工作是安全工作中一项十分重要、必不可少的工作，是整个管理内业工作的重要组成部分。建立和健全安全记录与报告是做好安全监控、全面有效地执行施工合同、履行好施工项目安全职责的重要工作。

安全管理的内业资料是安全管理在实施交通建设工程施工项目管理过程中留下的重要依据，在工程建设中，一旦发生安全事故，安全管理的内业资料还是追溯安全管理工作、寻找事故原因、分析事故责任的重要凭证。安全管理的内业资料反映了工程建设的实施情况，反映了安全管理的工作情况，是全面总结交通建设工程安全管理经验的重要部分。

1. 施工现场安全管理内业资料的基本要求

安全管理的内业资料所记述的内容应该客观、务必数据可靠、措辞准确；在文字上要求字迹端正、清晰；在时间上必须迅速、及时。安全管理的内业资料应分类存放，且各类资料应做卷内目录。安全管理内业资料的整理与归档工作由项目监理机构专兼职安全监理人员负责完成。

2. 施工现场安全管理内业资料的主要内容

①施工组织设计。

②安全管理计划。

③各类安全管理制度。

④施工现场安全管理措施。

⑤专项安全施工方案。

⑥结构复杂、危险性大的施工作业项目的专项方案。

⑦安全生产应急救援预案。

⑧安全交底、安全培训、安全检查、安全巡视记录。

⑨安全例会纪要和工地会议纪要中的安全内容。

⑩各类工作指令、工程暂时停工指令及复工指令。

⑪工程暂时停工指令及复工指令。

⑫施工单位的主要负责人、项目负责人、专职安全生产管理人员、特种作业人员资格报审资料。

⑬施工分包单位的资质（含安全生产许可证和主要负责人、项目负责人、专职安全管理人员的安全资格证）报审资料。

⑭大、中型施工机械、安全设施验收报审资料。

⑮安全隐患处理资料。

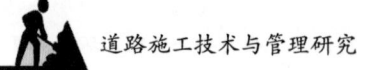

⑯生产安全事故调查处理及报告资料。

⑰施工工作总结中关于安全管理的内容。

第三节 道路施工环境保护措施与文明施工

一、环境保护措施要求

（一）环境保护措施

项目经理部应遵照《环境管理体系 要求及使用指南》（GB/T 24001—2016/ISO 14001：2015）的要求，建立并持续改进环境管理体系，应根据批准的建设项目环境影响报告，通过对环境因素的识别和评估，确定管理目标及主要指标，并在各个阶段贯彻实施。

项目环境管理应遵循下列程序：

a. 确定项目环境管理目标；

b. 进行项目环境管理策划；

c. 实施项目环境管理策划；

d. 验证并持续改进。

项目经理部负责现场环境管理工作的总体策划和部署，建立项目环境管理组织机构，制定相应制度和措施，组织培训，使各级人员明确环境保护的意义和责任。

项目经理部应按照分区划块原则，搞好项目的环境管理，进行定期检查加强协调，及时解决发现的问题，实施纠正和预防措施，保持现场良好的作业环境、卫生条件和工作秩序，做到污染预防。

项目经理部应对项目的环境因素进行控制，制定应急准备和相应措施，并保证信息通畅，预防可能出现非预期的损害。在出现环境事故时，应消除污染，并应制定相应措施，防止环境二次污染。

项目经理部应保存有关环境管理的工作记录。

项目经理部应进行现场节能管理，有条件时应规定能源使用指标。

（二）施工现场环境保护

1. 一般要求

①承包人在工程施工中，应严格遵守国家环境保护部门的有关规定。承包人有责任采取有效措施以预防和消除因施工造成的环境污染，对工程范围以外

的土地及植被应注意保护，并应保证发包人避免因污染而承担的索赔或罚款。

②承包人生产、生活设施应符合环保要求，并接受当地政府及有关部门的监督。

③承包人应在施工期间加强环保意识，保持工地清洁，控制扬尘，杜绝漏洒材料。由扬尘、排污、噪声、材料漏失等对周围居民和环境造成的损失应由承包人自负。

④沥青混合料应集中场站搅拌，其设备污染物排放应符合《大气污染物综合排放标准》（GB 16297—1996）中的一级标准的规定。搅拌场站必须设在离开居民区、学校等环境敏感点 300 m 以外的下风向处，且不能采用开敞式或半封闭式沥青熬化作业。

⑤施工中应充分利用挖方，尽量减少弃方或不弃方，以节省占地面积和减少对环境的破坏。清表土中的腐殖土应按监理人的要求进行收集并加以管理，争取全部用在绿化植树或植草中。

⑥工程施工必须做到兼顾生态保护和环境保护的原则，做到工程施工、生态保护、环境保护同步协调，避免出现施工后再治理、再补救、破坏生态环境的现象。

2. 文物保护

①道路工程施工时如发现文物古迹，不得移动和收藏，承包人应保护好现场，防止文物流失，并暂时停止作业，立即将有关情况报告监理人及当地文物保护部门。在主管部门未结束处理前，不得重新进行作业。

②因历史文物的发现和处理而使承包人的工程进度延误和（或）导致费用的增加时，监理人与发包人和承包人应根据合同条款的有关规定协商解决。

③土方填筑工程以及其他工程需要借土、弃土时，对于现有的或规划的保护文物遗址，承包人应采取避让的原则进行地点的选择。

3. 防止水土流失和废料废方处理

（1）防水排水

①在道路工程施工期间应始终保持工地的良好排水状态，修建必要的临时排水渠道，并与永久性排水设施相连接，且不得引起淤积和冲刷。

②因承包人未设置足够的排水设施致使土方工程遭受破坏时，其责任由承包人自负。

③雨季填筑路堤应随挖、随运、随填、随压实。每层表面应筑成适当的横坡，确保不积水。

（2）冲刷与淤积

①承包人应采取有效预防措施，防止施工场所占用的土地或临时使用的土地受到冲刷。

②承包人应采取有效预防措施，防止从施工中开挖的土石材料，对河流、水道、灌溉渠或排水系统产生淤积或堵塞。

③道路工程施工中的临时排水系统，应能最大限度地减少水土流失及水文状态的改变。

④开挖或填筑的土质路基边坡应及时采取防护措施，防止雨季到来时水流对坡面的冲刷而影响排水系统的功能，减少对附近农田水域的污染。

⑤承包人不管出于任何需要，未经监理人的事先书面同意，不得干扰河道、水道或现有灌溉系统或排水系统的自然流动，导致冲刷与淤积的发生。

（3）废料废方的处理

①清理场地的废料和土石方工程的废方处理，不得影响排灌系统及农田水利设施，不得向江河、湖泊、水库和专门堆放地以外的地方倾倒；应按图纸规定或监理人的指示在适当地点设置弃土场，有条件时，力求少占土地，并对弃土进行整治利用。

②当设置弃土堆时，应按《公路路基施工技术规范》（JTG/ 3610—2019）第4.15条的规定执行。

③桥梁施工过程中的泥浆及废弃物等，应在工程完工时及时清除干净，以免堵塞河道和妨碍交通。

④挖方工程及隧道工程的大型弃方场地，应采取以下水土保持措施：

a.废方堆放点应统筹安排，远离河道，尽量不要压盖植被，尽可能选择荒地；

b.及时对弃方进行压实，并在其表面进行植被覆盖，可以种植草皮、灌木或树木，达到防止水土流失、美化环境的目的；

c.尽可能对弃土方加以整治后用作耕地；

d.隧道弃渣点应选择植被稀疏的荒地，弃渣的下部和边角宜砌筑拦渣坝或墙，以防止水土流失。

⑤承包人应将施工及生活中产生的废弃物及时处理，运至监理人及当地环保部门同意的指定地点弃置，应注意避免阻塞河流或泄洪系统和污染水源，并防止汛期淹没农田或村庄。如无法及时处理或运走，则必须设法防止散失。

4.防止和减轻水、大气受污染

（1）保护水质

①施工废水、生活污水不得直接排入农田、耕地、灌溉渠和水库，严禁排

入饮用水源。

②道路工程施工区域、砂石料厂，在施工期间和完工以后，应妥善处理以减少对河道、溪流的侵蚀，防止沉渣进入河道或溪流。

③冲洗集料或含有沉积物的操作用水，应采取过滤、沉淀池处理或其他措施，做到达标排放。

④施工期间，应对施工物料如沥青、水泥、油料、化学品等的堆放实行严格管理，防止在雨季或暴雨时将物料随雨水径流排入地表及附近水域造成污染。

⑤施工机械应防止严重漏油，禁止机械在运转中产生的油污水未经处理就直接排放，或维修施工机械时油污水直接排放。

⑥承包人应将施工及生活中产生的污水或废水集中处理，经检验符合《污水综合排放标准》（GB 8978—1996）环保标准后，才能排放到河流或沟溪中。承包人不得将含有污染物质或可见悬浮物质的水，排入河流、水道或灌溉系统中。承包人的排水不得增加河流或水道中的悬浮物或造成河道冲刷、水流污染。

⑦保护农田排灌系统。当路线经过农田灌溉区域时，承包人在施工时应采取必要的临时措施，以保证不影响或中断农田的排灌作业。修建的临时设施应保证施工不影响当地农田的高峰排灌作业。在软土地区施工时，应注意路堤沉降对水源和排灌系统的影响。承包人应根据路线经过水田地区的情况，拟定需采取的措施，确定设计方案报监理人批准后执行，但监理人的批准并不意味着可以免除承包人的责任。

（2）控制扬尘

①为减少道路工程施工作业产生的灰尘，在施工区域内应随时进行洒水或采取其他抑尘措施，确保不出现明显的降尘。

②易于引起粉尘的细料或松散料应予以遮盖或适当洒水润湿；运输时，应用帆布、盖套及类似遮盖物覆盖。

③运转时有粉尘发生的施工场地，如水泥混凝土拌和机站（场）、大型轧石机场、沥青拌和机站（场）等投料器，均应有防尘设备。在这些场所作业的工作人员，应配备必要的劳保防护用品。

④承包人应使施工场地砂石化或保持经常洒水，确保施工场地旁的农田作物绿叶无扬尘污染。

（3）减少噪声、废气污染

①各种临时设施和场地，如堆料场、加工厂、轧石厂、沥青厂等，距居民区不宜小于300 m，而且应设于居民区主要风向的下风处。

②使用机械设备的工艺操作，要尽量减少噪声、废气等的污染；建筑施工

场地的噪声应符合《建筑施工场界噪声排放标准》（GB 12523—2011）的规定，并应遵守当地有关部门对夜间施工的规定。

③如果承包人预防措施不力，并已对邻近区域的环境、卫生造成了危害，则由此而引起的一切损失及后果，应由承包人负责。

④在居民集中居住区和靠近学校、医院等环境敏感区，噪声大的施工作业，应按监理人规定的作业时间施工。

⑤承包人应通过有效的技术手段和管理措施，将施工噪声控制到最低限度。当施工工地距居民住宅区、学校、医院等环境敏感区距离小于150 m时，承包人不得在夜间安排噪声很大（55 dB以上）的机械施工，应按监理人规定的作业时间施工。

5. 保护绿色植被

承包人应尽量保护公路用地范围之外的现有绿色植被。若因修建临时工程破坏了现有的绿色植被，应负责在拆除临时工程时予以恢复。

要保护道路两旁的古树名木和法定保护的树种，即使处在道路用地范围内，有可能时也要尽量设法保护。

施工期间，应严格控制工程破坏植被的面积，除了不可避免的工程占地、砍伐以外，不应再发生其他形式的人为破坏。

6. 土地资源的保护

①妥善处理废方，山坡弃土应尽量避免破坏或掩埋路基下侧的林木、农田及其他工程设施。沿河弃土应避免壅塞河道、改变水流方向和抬高水位而淹没或冲毁农田、房屋。

应重视弃土堆的复垦，有条件时，宜在弃土堆顶面绿化或整平成为耕地。

②取土坑应选在高地、荒地上，尽量不占耕地；当必须从耕地取土时，应将表面种植土铲除，集中成堆保存，并在工程交工前做好还地工作。对于深而宽的取土坑，可根据当地需要，用作蓄水池或鱼塘。在多年的经济作物区或重要的绿化带，不得设置取土坑。

③在河床开采砂砾材料时，必须注意防止河流状态的改变，并应遵守《中华人民共和国水法》中"在行洪、排涝河道和航道范围内开采砂石、砂金，必须经河道主管部门批准，按照批准的范围和作业方式开采，涉及航道的，由河道主管部门会同航道主管部门批准"的规定。

④采石场的位置，应结合环境保护的要求选择，其中包括噪声、爆破引起的地下振动、公共安全问题等。采石场的位置，应征得当地政府及环境管理部

门的同意并办理必要的手续。

⑤对施工人员加强保护自然资源及野生动植物的教育，在雇用合同中应规定严禁偷猎和随意砍伐树木。

⑥要认真贯彻《国务院关于坚决制止占用基本农田进行植树等行为的紧急通知》（国发明电〔2004〕1号）的有关要求，对公路沿线是耕地的，要严格控制绿化带宽度。

7. 现有公用设施的保护

①对于受工程影响或正在受影响的一切公用设施与结构物，承包人应在工程施工期间采取一切适当措施加以保护。

②对于靠近公用设施的开挖作业，承包人应通知有关部门，并邀请有关部门代表在施工时到现场。承包人应将上述通知与邀请的副本提交监理人备查。

二、施工现场文明施工的要求

文明施工是指保持施工现场良好的作业环境、卫生环境和工作秩序。因此，文明施工也是保护环境的一项重要措施。文明施工主要包括：规范施工现场的场容，保持作业环境的整洁卫生；科学组织施工，使生产有序进行；减少施工对周围居民和环境的影响；遵守施工现场文明施工的规定和要求，保证职工的安全和身体健康。

文明施工可以适应现代化施工的客观要求，有利于员工的身心健康，有利于培养和提高施工队伍的整体素质，促进企业综合管理水平的提高，提高企业的知名度和市场竞争力。

（一）建设工程现场文明施工的要求

依据我国相关标准，文明施工的要求主要包括现场围挡、封闭管理、施工场地、材料堆放、现场住宿、现场防火、治安综合治理、施工现场标牌、生活设施、保健急救、社区服务11项内容。总体上应符合以下要求：

①有整套的施工组织设计或施工方案，施工总平面布置紧凑，施工场地规划合理，符合环保、市容、卫生的要求。

②有健全的施工组织管理机构和指挥系统，岗位分工明确；工序交叉合理，交接责任明确。

③有严格的成品保护措施和制度，大小临时设施和各种材料构件、半成品按平面布置堆放整齐。

④施工场地平整，道路畅通，排水设施得当，水电线路整齐，机具设备状况良好、使用合理，施工作业符合消防和安全要求。

⑤搞好环境卫生管理，包括施工区、生活区环境卫生和食堂卫生管理。

⑥文明施工应贯穿施工结束后的清场。

实现文明施工，不仅要抓好现场的场容管理，而且还要做好现场材料、机械、安全、技术、保卫、消防和生活卫生等方面的工作。

（二）建设工程现场文明施工的措施

1. 加强现场文明施工的管理

①建立文明施工的管理组织。在建设工程施工现场，应确立以项目经理为现场文明施工的第一责任人，以各专业工程师、施工质量、安全、材料、保卫等现场项目经理部人员为成员的施工现场文明管理组织，由他们共同负责本工程施工现场的文明施工工作。

②健全文明施工的管理制度。建立健全文明施工的管理制度包括建立各级文明施工岗位责任制，将文明施工工作考核列入经济责任制，建立定期的检查制度，实行自检、互检、交接检制度，建立奖惩制度，开展文明施工立功竞赛，以及加强文明施工教育培训等。

2. 落实现场文明施工的各项管理措施

针对现场文明施工的各项要求，应落实相应的各项管理措施。

（1）施工平面布置

施工总平面图是现场管理、实现文明施工的依据。施工总平面图应对施工机械设备、材料和构配件的堆场、现场加工场地，以及现场临时运输道路、临时供水供电线路和其他临时设施进行合理布置，并随工程实施的不同阶段进行场地布置和调整。

（2）现场围挡、标牌

①施工现场必须实行封闭管理，设置进出口大门，制定门卫制度，严格执行外来人员进场登记制度。沿工地四周连续设置围挡，市区主要路段和其他涉及市容景观路段的工地设置围挡的高度不应低于2.5 m，其他工地的围挡高度不应低于1.8 m，围挡材料要求坚固、稳定、统一、整洁、美观。

②施工现场必须设有"五牌一图"，即工程概况牌、管理人员名单及监督电话牌、消防保卫（防火责任）牌、安全生产牌、文明施工牌和施工现场总平面图。

③施工现场应合理悬挂安全生产宣传和警示牌，标牌悬挂应牢固可靠，特别是主要施工部位、作业点和危险区域以及主要通道口都必须有针对性地悬挂

醒目的安全警示牌。

（3）施工场地

①施工现场应积极推行硬地坪施工，作业区、生活区主干道地面必须用一定厚度的混凝土硬化，场内其他道路地面也应进行硬化处理。

②施工现场道路应畅通、平坦、整洁，无散落物。

③施工现场应设置排水系统，要保证排水畅通，不积水。

④严禁泥浆、污水、废水外流或未经允许排入河道，严禁堵塞下水道和排水河道。

⑤可在施工现场的适当地方设置吸烟处，作业区内禁止随意吸烟。

⑥应积极美化施工现场环境，根据季节变化，适当进行绿化布置。

（4）材料堆放、周转设备管理

①建筑材料、构配件、料具必须按施工现场总平面布置图堆放，布置合理。

②建筑材料、构配件及其他料具等必须做到安全、整齐堆放（存放），不得超高。堆料应分门别类，并悬挂标牌，标牌应统一制作，标明名称、品种、规格数量等。

③要建立材料收发管理制度，仓库、工具间材料堆放要整齐，易燃易爆物品应分类堆放，要有专人负责，确保安全。

④施工现场要建立清扫制度，落实到人，要做到工完料尽场地清，车辆进出场应有防泥带出措施。建筑垃圾应及时清运，临时存放现场的也应集中堆放整齐、悬挂标牌。不用的施工机具和设备应及时出场。

⑤施工设施、大模板、砖夹等，应集中堆放整齐，大模板应成对放稳，角度要正确。钢模及零配件、脚手扣件应分类分规格，集中存放。竹木杂料，应分类堆放、规则成方，不散不乱，不作他用。

（5）现场生活设施

①施工现场作业区与办公、生活区必须明显划分，确因场地狭窄不能划分的，要有可靠的隔离栏防护措施。

②宿舍内应确保主体结构安全，设施完好。宿舍周围环境应保持整洁、安全。

③宿舍内应有保暖、消暑、防煤气中毒、防蚊虫叮咬等措施。严禁使用煤气灶、煤油炉、电饭煲、热得快、电炒锅、电炉等器具。

④食堂应有良好的通风和洁卫措施，保持卫生整洁，炊事员应持健康证上岗。

⑤应建立现场卫生责任制，设卫生保洁员。

⑥施工现场应设固定的男、女简易淋浴室和厕所，并要保证结构稳定、牢

固和防风雨。并实行专人管理、及时清扫，保持整洁，要有灭蚊蝇滋生的措施。

（6）现场消防、防火管理

①现场要建立消防管理制度，建立消防领导小组，落实消防责任制和责任人员，做到思想重视、措施跟上、管理到位。

②要定期对有关人员进行消防教育，落实消防措施。

③现场必须有消防平面布置图，临时设施按消防条例有关规定搭设，要做到标准规范。

④易燃易爆物品堆放间、油漆间、木工间、总配电室等消防防火重点部位要按规定设置灭火器和消防沙箱，并有专人负责，对违反消防条例的有关人员应进行严肃处理。

⑤施工现场动用明火时应严格按动用明火的规定执行，审批手续要齐全。

（7）医疗急救的管理

在施工现场，应开展卫生防病教育，准备必要的医疗设施，配备经过培训的急救人员，同时应在现场办公室的显著位置张贴急救车标识和有关医院的电话号码等。

（8）治安管理

①建立现场治安保卫领导小组，要有专人管理。

②对新入场的人员要及时进行登记，做到合法用工。

③按照治安管理条例和施工现场的治安管理规定搞好各项管理工作。

④建立门卫值班管理制度，严禁无证人员和其他闲杂人员进入施工现场，避免安全事故和失盗事件的发生。

3. 建立检查考核制度

对于建设工程文明施工，国家和地方各级人民政府制定了许多标准或规定，有比较成熟的经验。在实际工作中，项目承包方应结合相关标准和规定建立文明施工考核制度，推进各项文明施工措施的落实。

4. 抓好文明施工建设工作

①建立宣传教育制度。现场宣传安全生产、文明施工、国家大事、社会形势、企业精神、优秀事迹等。

②坚持以人为本，加强管理人员和班组文明建设。教育职工遵纪守法，提高企业整体管理水平和文明素质。

③主动与有关单位配合，积极开展共建文明活动，树立企业良好的社会形象。

参考文献

[1] 徐强.高速公路改扩建工程旧路改善技术[M].北京：人民交通出版社，2011.

[2] 高久平.公路工程施工试验检测实用手册[M].北京：人民交通出版社，2012.

[3] 徐秀维.道路工程施工技术[M].北京：化学工业出版社，2015.

[4] 董军.桥梁工程[M].北京：机械工业出版社，2009.

[5] 拾方治，马卫民.沥青路面再生技术手册[M].北京：人民交通出版社，2006.

[6] 吴幼松，余清河.公路机械化施工与管理[M].北京：清华大学出版社，2007.

[7] 安关峰.绿色道路施工技术指南[M].北京：中国建筑工业出版社，2015.

[8] 蒋红，田万涛.道路与桥梁工程施工[M].北京：中国水利水电出版社，2010.

[9] 冯忠居，乌延玲，王彦志，等.公路涵洞新技术：钢波纹管涵洞工程特性及应用[M].北京：中国建筑工业出版社，2013.

[10] 李继业，刘经强，张来旺.道路工程施工实用技术手册[M].北京：化学工业出版社，2014.

[11] 马松林，侯相深.公路养护与管理[M].北京：人民交通出版社，2010.

[12] 彭彦彬，项志盛.道路工程[M].郑州：黄河水利出版社，2008.

[13] 朱永全，宋玉香.隧道工程[M].北京：中国铁道出版社，2005.

[14] 栗振锋，李素梅.路基路面工程[M].2版.北京：人民交通出版社，2009.

［15］ 张银峰，彭彦彬.道路桥梁工程概论［M］.郑州：黄河水利出版社，2012.

［16］ 卜建清，严战友.道路桥梁工程施工［M］.重庆：重庆大学出版社，2012.

［17］ 王学民，王以明.道路桥梁工程概论［M］.北京：中国水利水电出版社，2014.

［18］ 孙家瑛.道路与桥梁工程材料［M］.重庆：重庆大学出版社，2015.

［19］ 姚玄哲.高速公路沥青混凝土路面施工质量控制研究［J］.建材发展导向，2020，18（24）：69-70.

［20］ 李明月.SBS改性沥青混凝土路面施工技术［J］.交通世界，2020（35）：53-54.